QINHEFENGYUN QINHELIUYUWUBEITANXUN

沁河风韵系列丛书　　　主编|行　龙

沁河流域武备探寻

刘映海　李金龙　杜　杰|著

山西出版传媒集团　　山西人民出版社

图书在版编目（CIP）数据

沁河流域武备探寻 / 刘映海，李金龙，杜杰著. —
太原：山西人民出版社，2016.7
（沁河风韵系列丛书 / 行龙主编）
ISBN 978-7-203-09587-3

Ⅰ . ①沁⋯　Ⅱ.①刘⋯　②李⋯　③杜⋯　Ⅲ.①武术–
文化研究–山西省　Ⅳ.①G852

中国版本图书馆CIP数据核字（2016）第123578号

沁河流域武备探寻

丛书主编：行　龙
著　　者：刘映海　李金龙　杜　杰
责任编辑：冯灵芝
助理编辑：贾登红
装帧设计：子墨书坊

出 版 者：山西出版传媒集团·山西人民出版社
地　　址：太原市建设南路21号
邮　　编：030012
发行营销：0351-4922220　4955996　4956039　4922127（传真）
天猫官网：http://sxrmcbs.tmall.com　电话：0351-4922159
E-mail：sxskcb@163.com　发行部
　　　　　sxskcb@126.com　总编室
网　　址：www.sxskcb.com

经 销 者：山西出版传媒集团·山西人民出版社
承 印 者：山西臣功印刷包装有限公司

开　　本：720mm×1010mm　　1/16
印　　张：15.25
字　　数：260千字
印　　数：1-1600册
版　　次：2016年7月　第1版
印　　次：2016年7月　第1次印刷
书　　号：ISBN 978-7-203-09587-3
定　　价：50.00元

风韵是那前代流传至今的风尚和韵致。

沁河是山西的一条母亲河。

沁河流域有其特有的风尚和韵致，

那悠久而深厚的历史文化传统至今依然风韵犹存。

这里是中华传统文明的孵化地，

这里是草原文化与中原文化交流的过渡带，

这里有闻名于世的北方城堡，

这里有相当丰厚的煤铁资源，

这里有山水环绕的地理环境，

这里更有那独特而深厚的历史文化风貌。

由此，我们组成"沁河风韵"学术工作坊，

由此，我们从校园和图书馆走向田野与社会，

走向风光无限、风韵犹存的沁河流域。

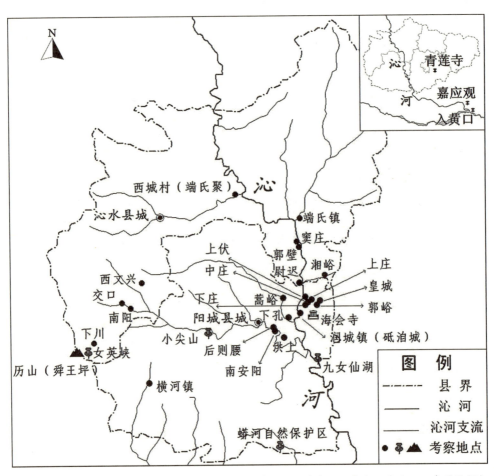

"沁河风韵学术工作坊"集体考察地点一览图（山西大学中国社会史研究中心　李嘎绘制）

三晋文化传承与保护协同创新中心

沁河风韵 学术工作坊

一个多学科融合的平台
一个众教授聚首的场域

第一场

鸣锣开张：

走向沁河流域

主讲人：行龙
中国社会史研究中心 教授

时间：2014年6月20日晚7：30
地点：山西大学中国社会史研究中心（鉴知楼）

"沁河风韵学术工作坊"海报

田野考察

会议讨论

总 序

行 龙

"沁河风韵"系列丛书就要付梓了。我作为这套丛书的作者之一，同时作为这个团队的一分子，乐意受诸位作者之托写下一点感想，权且充序，既就教于作者诸位，也就教于读者大众。

"沁河风韵"是一套31本的系列丛书，又是一个学术团队的集体成果。31本著作，一律聚焦沁河流域，涉及历史、文化、政治、经济、生态、旅游、城镇、教育、灾害、民俗、考古、方言、艺术、体育等多方面，林林总总，蔚为大观。可以说，这是迄今有关沁河流域学术研究最具规模的成果展现，也是一次集中多学科专家学者比肩而事、"协同创新"的具体实践。

说到"协同创新"，是要费一点笔墨的。带有学究式的"协同创新"概念大意是这样：协同创新是创新资源和要素的有效汇聚，通过突破创新主体间的壁垒，充分释放彼此间人才、信息、技术等创新活力而实现深度合作。用我的话来说，就是大家集中精力干一件事情。教育部2011年《高等学校创新能力提升计划》（简称"2011计划"）提出，要探索适应于不同需求的协同创新模式，营造有利于协同创新的环境和氛围。具体做法上又提出"四个面向"：面向科学前沿、面向文化传承、面向行业产业、面向区域发展。

在这样一个背景之下，2014年春天，山西大学成立了"八大协同创新中心"，其中一个是由我主持的"三晋文化传承与保护协同创新中心"。在2013年11月山西大学与晋城市人民政府签署战略合作协议的基础上，在征求校内外多位专家学者意见的基础上，我们提出了集中校内外多学科同人对沁河流域进行集体考察研究的计划，"沁河风韵学术工作坊"由此诞生。

风韵是那前代流传至今的风尚和韵致。词有流风余韵，风韵犹存。

沁河是山西境内仅次于汾河的第二条大河，也是山西的一条母亲河。沁河流域有其特有的风尚和韵致：这里是中华传统文明的孵化器；这里是草原文化与中原文化交流的过渡带；这里有闻名于世的"北方城堡"；这里有相当丰厚的煤铁资源；这里有山水环绕的地理环境；这里更有那独特而丰厚的历史文化风貌。

横穿山西中部盆地的汾河流域以晋商大院那样的符号已为世人所熟识，太行山间的沁河流域却似乎是"养在深闺人不识"。与时俱进，与日俱新，沁河流域在滚滚前行的社会大潮中也在波涛翻涌。由此，我们注目沁河流域，我们走向沁河流域。

以"学术工作坊"的形式对沁河流域进行考察和研究，是由我自以为是、擅作主张提出来的。2014年6月20日，一个周五的晚上，我在中国社会史研究中心学术报告厅作了题为"鸣锣开张：走向沁河流域"的报告。在事先张贴的海报上，我特意提醒在左上角印上两行小字"一个多学科融合的平台，一个众教授聚首的场域"，其实就是工作坊的运行模式。

"工作坊"（workshop）是一个来自西方的概念，用中国话来讲就是我们传统上的"手工业作坊"。一个多人参与的场域和过程，大家在这个场域和过程中互相对话沟通，共同思考，调查分析，也就是众人的集体研究。工作坊最可借鉴的是三个依次递进的操作模式：首先是共同分享基本资料。通过这样一个分享，大家有了共同的话题和话语可供讨论，进而凝聚共识；其次是小组提案设计。就是分专题进行讨论，参与者和专业工作者互相交流意见；最后是全体表达意见。就是大家一起讨论即将发表的成果，将个体和小组的意见提到更大的平台上进行交流。在6月20日的报告中，"学术工作坊"的操作模式得到与会诸位学者的首肯，同时我简单介绍了为什么是"沁河流域"，为什么是沁河流域中游沁水—阳城段，沁水—阳城段有什么特征等问题，既是一个"抛砖引玉"，又是一个"鸣锣开张"。

在集体走进沁河流域之前，我们特别强调做足案头工作，就是希望大家首先从文献中了解和认识沁河流域，结合自己的专业特长初步确定选题，以便在下一步的田野工作中尽量做到有的放矢。为此，我们专门请校图书馆的同志将馆藏有关沁河流域的文献集中在一个小区域，意在大家"共同分享基本资料"，诸位开始埋头找文献、读资料，校图书馆和各院系及研究所的资料室里，出现了工作坊同人伏案苦读和沉思的身影。我们还特意邀请对沁河流域素有研究的资深专家、文学院沁水籍教授田同旭作了题为"沁水古村落漫谈"的学术报告；邀请中国社会史研究中心阳城籍教授张俊峰作了题为"阳城古村落历史文化刍议"的报告。经过这样一个40天左右"兵马未动，粮草先行"的过程，诸位都有了一种"才下眉头，又上心头"的感觉。

2014年7月29日，正值学校放暑假的时机，也是酷暑已经来临的时节，山西大学"沁河风韵学术工作坊"一行30多人开赴晋城市，下午在参加晋城市主持的简短的学术考察活动启动仪式后，又马不停蹄地赶赴沁水县，开始了为期10余天的集体田野考察活动。

"赤日炎炎似火烧，野田禾稻半枯焦。"虽是酷暑难耐的伏天，但"沁河风韵学术工作坊"的同人还是带着如火的热情走进了沁河流域。脑子里装满了沁河流域的有关信息，迈着大步行走在风光无限的沁河流域，图书馆文献中的文字被田野考察的实情实景顿时激活，大家普遍感到这次集体田野考察的重要和必要。从沁河流域的"北方城堡"窦庄、郭壁、湘峪、皇城、郭峪、砥洎城，到富有沁河流域区域特色的普通村庄下川、南阳、尉迟、三庄、下孔、洪上、后则腰；从沁水县城、阳城县城、古侯国国都端氏城，到山水秀丽的历山风景区、人才辈出的海会寺、香火缭绕的小尖山、气势壮阔的沁河入黄处；从舜帝庙、成汤庙、关帝庙、真武庙、河神庙，到土窑洞、石屋、四合院、十三院；从植桑、养蚕、缫丝、抄纸、制铁，到习俗、传说、方言、生态、旅游、壁画、建筑、武备；沁河流域的城镇乡村，桩桩件件，几乎都成为工作坊的同人们入眼入心、切磋讨论的对象。大家忘记了炎热，忘记了疲劳，忘记了口渴，忘记了腿酸，看到的只是沁河流域的历史与现实，想到的只是沁河流域的文献与田野。我真的被大家的工作热情所感染，60多岁的张明远、上官铁梁教授一点不让年轻人，他们一天也没有掉队；沁水县沁河文化研究会的王扎根老先生，不顾年老腿疾，一路为大家讲解，一次也没有落下；女同志们各个被伏天的热火烤脱了一层皮；年轻一点的小伙子们则争着帮同伴拎东西；摄影师麻林森和戴师傅在每次考察结束时总会"姗姗来迟"，因为他们不仅有拍不完的实景，还要拖着重重的器材！多少同人吃上"藿香正气胶囊"也难逃中暑，我也不幸"中招"，最严重的是8月5日晚宿横河镇，次日起床后竟然嗓子痛得说不出话来。

何止是"日出而作，日入而息"，不停地奔走，不停地转换驻地，夜间大家仍然在进行着小组讨论和交流，似乎是生怕白天的考察收获被炎热的夏夜掠走。8月6日、7日两个晚上，从7点30分到10点多，我们又集中进行了两次带有田野考察总结性质的学术讨论会。

8月8日，满载着田野考察的收获和喜悦，"沁河风韵学术工作坊"的同人们一起回到山西大学。

10余天的田野考察既是一次集中的亲身体验，又是小组交流和"小组提案设计"的过程。为了及时推进工作进度，在山西大学新学期到来之际，8月24日，我们召开了"沁河风韵学术工作坊"选题讨论会，各位同人从不同角度对各选题进行了讨论交流，深化了对相关问题的认识，细化了具体的研究计划。我在讨论会上还就丛书的成书体例和整体风格谈了自己的想法，诸位心领神会，更加心中有数。

与此同时，相关的学术报告和分散的田野工作仍在持续进行着。为了弥补集体考察时因天气原因未能到达沁河源头的缺憾，长期关注沁河上游生态环境的上官铁梁教授及其小组专门为大家作了一场题为"沁河源头话沧桑"的学术报告。自8月27日到9月18日，我们又特意邀请三位曾被聘任为山西大学特聘教授的地方专家就沁河流域的历史文化作报告：阳城县地方志办公室主任王家胜讲"沁河流域阳城段的文化密码"；沁水县沁河文化研究会副会长王扎根讲"沁河文化研究会对沁水古村落的调查研究"；晋城市文联副主席谢红俭讲"沁河古堡和沁河文化探讨"。三位地方专家对沁河流域历史文化作了如数家珍般的讲解，他们对生于斯、长于斯、情系于斯的沁河流域的心灵体认，进一步拓宽了各选题的研究视野，同时也加深了相互之间的学术交流。

这个阶段的田野工作仍然在持续进行着，只不过由集体的考察转换为小组的或个人的考察。上官铁梁先生带领其团队先后七次对沁河流域的生态环境进行了系统考察；美术学院张明远教授带领其小组两赴沁河流域，对十座以上的庙宇壁画进行了细致考察；体育学院李金龙教授两次带领其小组到晋城市体育局、武术协会、老年体协、门球协会等单位和古城堡实地走访；政治与公共管理学院董江爱教授带领其小组到郭峪和皇城进行深度访谈；文学院卫才华教授三次带领多位学生赶去参加"太行书会"曲艺邀请赛，观看演出，实地采访鼓书艺人；历史文化学院周亚博士两次到晋城市图书馆、档案馆、博物馆搜集有关蚕桑业的资料；考古专业的年轻博士刘辉带领学生走进后则腰、东关村、韩洪村等瓷窑遗址；中国社会史研究中心人类学博士郭永平三次实地考察沁河流域民间信仰；文学院民俗学博士郭俊红三次实地考察成汤信仰；文学院方言研究教授史秀菊第一次带领学生前往沁河流域，即进行了20天的方言调查，第二次干脆将端氏镇76岁的王小能请到山西大学，进行了连续10天的语音词汇核实和民间文化语料的采集；直到2015年的11月份，摄影师麻林森还在沁河流域进行着实地实景的拍摄，如此等等，循环往复，从沁河流域到山西大学，从田野考察到文献理解，工作坊的同人们各自辛勤劳作，乐在其中。正所谓"知之者不如好之者，好之者不如乐之者"。

2015年5月初，山西人民出版社的同志开始参与"沁河风韵系列丛书"的有关讨论会，工作坊陆续邀请有关作者报告自己的写作进度，一面进行着有关书稿的学术讨论，一面逐渐完善丛书的结构和体例，完成了工作坊第三阶段"全体表达意见"的规定程序。

"沁河风韵学术工作坊"是一个集多学科专家学者于一体的学术研究团队，也是一个多学科交流融合的学术平台。按照山西大学现有的学院与研究所（中心）计，成员遍布文学院、历史文化学院、政治与公共管理学院、教育学院、体育学院、美术学院、环境与资源学院、中国社会史研究中心、城乡发展研究院、体育研究所、方言研究所等十几个单位。按照学科来计，包括文学、史学、政治、管理、教育、体育、美术、生态、旅游、民俗、方言、摄影、考古等十多个学科。有同人如此议论说，这可能是山西大学有史以来最大规模的、真正的一次学科交流与融合，应当在山西大学的校史上写上一笔。以我对山大校史的有限研究而言，这话并未言过其实。值得提到的是，工作坊同人之间的互相交流，不仅使大家取长补短，而且使青年学者的学术水平得以提升，他们就"沁河风韵"发表了重要的研究成果，甚至以此申请到国家社科基金的项目。

"沁河风韵学术工作坊"是一次文献研究与田野考察相结合的学术实践，是图书馆和校园里的知识分子走向田野与社会的一次身心体验，也可以说是我们服务社会，服务民众，脚踏实地，乐此不疲的亲尝亲试。粗略统计，自2014年7月29日"集体考察"以来，工作坊集体或分课题组对沁河流域170多个田野点进行了考察，累计有2000余人次参加了田野考察。

沁河流域那特有的风尚和韵致，那悠久而深厚的历史文化传统吸引着我们。奔腾向前的社会洪流，如火如荼的现实生活在召唤着我们。中华民族绵长的文化根基并不在我们蜗居的城市，而在那广阔无垠的城镇乡村。知识分子首先应该是文化先觉的认识者和实践者，知识的种子和花朵只有回落大地才有可能生根发芽，绚丽多彩。这就是"沁河风韵学术工作坊"同人们的一个共识，也是我们经此实践发出的心灵呼声。

"沁河风韵系列丛书"是集体合作的成果。虽然各书具体署名，"文责自负"，也难说都能达到最初设计的"兼具学术性与通俗性"的写作要求，但有一点是共同的，那就是每位作者都为此付出了艰辛的劳作，每一本书的成稿都得到了诸多方面的帮助：晋城市人民政府、沁水县人民政府、阳城县人民政府给予本次合作高度重视；我们特意聘请的六位地方专家田澍中、谢红俭、王扎根、王家胜、姚剑、乔欣，特别是王扎根和王家胜同志在田野考察和资料搜集方面提供了不厌其烦的帮助；田澍中、谢红俭、王家胜三位专家的三本著述，为本丛书增色不少；难以数计的提供口述、接受采访、填写问卷，甚至嘘寒问暖的沁河流域的单位和普通民众付出的辛劳；田同旭教授的学术指导；张俊峰、吴斗庆同志组织协调的辛勤工作；成书过程中参考引用的各位著述作者的基本工作；山西人民出版社对本丛书出版工作的大力支持，都是我们深以为谢的。

自 序

武备之说，始于儒家经典《谷梁传》，载于定公十年："因是以见，虽有文事，必有武备，孔子于颊谷之会见之矣。""以礼治邦"的儒家始祖孔子强调文事与武备并重。《左传·成公十三年》亦云"国之大事，在祀与戎"，将礼教与战争并为国家大事。由此可见，"文能安邦，武能定国"之理为历代所共识。明代茅元仪（1594—1644）有感国家武备废弛，担心"自武备弛，而文事遂不可保"，于是痛斥"干戈一日起，士大夫相顾惶骇"，并著《武备志》以指导朝野之士，"窃愿朝野之士及时而习之"。其《武备志》共分为兵诀评、战略考、阵练制、军资乘和占度载五部分，从战略、战术、选材、训练等方面为国家防御提供了范本。

在我国长达千年的封建社会中，"筑城御敌"的防御机制几乎是历代统治者的防御核心，城市是国家防御的根本。而广大的乡野村落，国家政权几乎无暇顾及，一旦发生冲突、战争，首当其冲地成了流寇、强豪的囊中之物。《郭谷修城碑记》载："崇祯五年七月十六日卯时，突有流寇至，以万余计。乡人抛死拒之，众寡不敌，竟遭蹂躏。杀伤之惨，焚劫之凶，天日昏而山川变。所剩孑遗，大半锋镝残躯。或杀间奔出与商旅他乡者寥寥无几。"状况之惨，令人惊心！

处于广大田野的乡民，却也不愿束手待毙，于是祭祀神灵、筑城精器、强族练兵，以求自保。王重新所撰《焕宇变中自记》碑记中载："崇祯四年（1631）四月间，陕西反贼王加（嘉）胤在平阳府作乱……经过窦庄，有城幸免。"次年九月二十八日，紫金梁、王自用又一次杀来，张铨之子张道濬正好回乡，亲率众人抵抗，农民军攻城未遂。可见，乡村建堡自卫是保族卫家的必然选择。张壁古堡、右玉古堡、碛口古镇等乡村古堡随处可见，直到今日，其设计之精巧、构造之完备依然让我们感叹。而在林林总总的古堡之中，沁河古堡群又显得非常独特。因为这里地处深山却资源丰富，交通不便却富甲一方，远离城市却战事不断，保家卫族的需求更加迫切，因此，其武备之风更甚。

遇"沁河考察"之良机，得以深入历山沁水之腹，走乡野，游村间，进百家，逛庙会，体会沁河人生存之道，备感震撼！尤叹其保家卫族之不易，遂成本稿。

武备始于需求，沁河人深山怀璧，自然为宵小之徒所窥视；为保家卫族，沁河人"两手都要抓，两手都要硬"。硬件方面，沁河人依地势筑堡垒，采黑金制兵器；软件方面，沁河人拜关公强精神，粹生活强意志，习武术强筋骨。终于，在"流寇作乱"之际，他们凭武御敌，实现了保家卫族的目的。

作者

2016年5月

引 子

作为土生土长的山西人，对晋城、沁河早有耳闻，知其资源丰富、气候怡人、环境优美，有山西江南之称，但此前一直未曾去过，这次幸遇"沁河流域工作坊"之机缘，使我们得以考察此地。晋城、沁河既有深髓文化，又有优美环境，一草一木、一屋一地都有文化沧桑之感，直让人流连忘返。

在"表里河山"的山西境内，有这样一处灵山圣水之地，其山雄奇壮伟，庄严厚重，千姿百态，幽静秀丽；其水灵动飘逸，温柔多情，洁净明晰，长流不息。在这层山叠峦之间、灵秀净水之旁，孕育并传承了华夏文明。下川遗址、八里坪遗址证明了旧石器时代这里就已经是人类始祖栖息之地；虞舜传说、商汤崇拜说明了上古时代这里是华夏文明的起源之所；古端氏聚遗址、马邑城遗址说明春秋时期这里是兵家必争之地；而后，李瀚、刘东星、孙居相、孙鼎相、田从典、陈廷敬、张五典等历代名臣科举入仕证明了这里"耕读传家，做官耀祖"的乡土文化，荆浩、常伦、赵树理等名流的才情折射出这里"山清水秀出才子"的乡土艺术，郭饶、郭延鲁、陈龟、王彦等名将的产生说明这里有"勇猛顽强，英杰辈出"的乡土气概。

这山名历山，这水名沁河。

原始人择水而居。沁河两岸，温和湿润，气候怡人，河流纵横，鱼虾成群，森林茂密，果腹无忧，是理想的聚居之地。此后人类就不曾离开这片灵山圣水，其"居太行之巅，地形最高与天为党也"的险要地势和"得上党可望中原"的独特地理位置渐使其成为兵家必争之地，因此这里战事频繁，惨烈无比。至今人们仍能在王离城遗址处找到长平之战遗留的箭镞，真是"将军遗垒古河滨，箭镞沉沙铁色新"（明·杨子器）。

随着经济的日益发展，人们日益向交通更加便捷的平原转移，城镇聚落逐渐成为主要的生存方式。人们择水而居，依山而建，于是高低错落、绵延起伏的村落与青山、环水、绿田、炊烟融为一体，美不胜收且经济实用，但没有城镇聚落的便利、安全和完善生活设施，因而居于其中的人们始终面临着生存与发展的难题。可具有自强不息的坚强品质和生死不离故土的乡土观念的沁河人从未考虑过背土离乡寻求发展，而是坚守在自己的土地上修筑堡寨，保土守家。

沁邑地处深岩邃谷之中，多山地隘口，自然资源丰富，林木、矿产、水资源蕴藏量大，矿业、炼金业发达。因此，沁河地处深山却商业发达，远离城镇却富甲一方，深山怀璧，盗匪自然趋之若鹜。为保家卫族，沁河人一方面尚武强族，拜神祈富；一方面修筑城防，磨砺武器，积极备战。在一次次备战、抗敌的历史湍流中，沁邑不仅涌现出了许多保族壮士，更涌现出了许多卫国英豪。

时至今日，那一座座依然矗立在山水之间的古堡沧桑的面貌、破损的身姿根本无法掩盖其奇伟雄壮的气概，犹如一个隐于山野之间的侠士，不喜不悲，不怒不争，不言不语，却威严自在。

这是一个有故事的地方！

目　录

CONTENTS

一、武需：深山怀璧　趋之若鹜

青崖壁立，峡谷涌翠，飞湍急流，其声如雷，云间深处，豪堡林立！

沁河是华夏儿女的母亲河之一，这条蜿蜒于峰峦叠翠间的长河，犹如"蛟龙脱却金钩钓，婀娜嬉戏逐浪游"般，在峡谷中腾空飞蹿，气势如虹，一路飞奔汇入黄河。两岸既有山峰林立、沟壑纵横的盘秀山、珏山等，也有风光秀丽、景色宜人的泽州盆地。洪世佺（清代）在《沁河》中说：

> 东风生春色，流光入河水。我行荦确间，爱此林壑美。青山破雾排，绿杨掠波起。东西野人居，历历无远迩。欲比桃花源，鸡犬长孙子。樵歌与牧场……望望榼山门，河西白云里。

美丽的沁河如同母亲般养育并见证了华夏民族的繁衍生息。初期，始祖们依水而居，凭山间之野味、沃土之庄稼、沁河之鱼虾得以生存嬉戏；而后，建堡而居，凭山间之煤铁、平原之蚕桑得以富甲一方，成为明清时期重要的冶炼、煤炭、潞绸的产地。

凡事皆有两面性，群山峻岭中物产丰富的沁河山水虽然给沁河人带来了无数的财富，但交通不便、安全较差的弊端也非常明显，本就是兵家必争之地的沁河流域从来不缺少战争，而眼馋心急的盗匪也时常出没。

沁河中的石拱桥

沁河人深山怀璧，自然招蜂引蝶，各路强豪、肖小无不趋之若鹜。

1. 蜿蜒沁河 峡谷幽深

沁河，春秋时称为少水，西汉时称为沁水、洎水，近代称沁河。源起于太岳山东麓沁源县王陶乡河底村二郎神沟（另一源起说是太岳山东麓平遥县黑城村），蜿蜒在太岳山脉的历山、盘秀山、析城山、珏山等崇山峻岭之中，途经沁源、安泽、沁水、阳城、泽州、济源等县，最后在武陟汇入黄河。

（1）沁河龙蛇走

传说中奔腾磅礴的沁河如今早不复存在，空留在山谷间的数米高的石拱桥、河床中的波浪冲撞的印记和高耸的索桥，带着沧桑和悲壮诉说着当年的辉煌。

沁河是黄河下游的一条支流，是山西省的第二大河流，它奔腾荡漾，气势磅礴，若隐若现，迂回曲折，时而轻柔缓慢，时而飞湍急流，如诗如画，让人美不胜收。

沁河历史悠久。《左传·襄公二十三年》中有明确的文献记载：

高耸的索桥

迂回曲折的沁河第一湾

齐侯遂伐晋，取朝歌（今河南鹤壁市淇县）。为二队，入孟门（今山西省吕梁市柳林县西北23公里处的黄河之滨），登大行。张武军于荧庭（今沁水县西北中村乡张马村附近），戍郫邵（今河南济源西），封少水（即沁河，文中指的是端氏附近河段）……

而下川遗址的考古发现则表明，在2.3万至1.6万年前沁河流域已是华夏先祖繁衍生息之地。

沁河源流有序。《水经注》中记载：

沁水即涅水也，或言出（起源于）谷远县羊头山靡谷（羊头山亦称谒戾山，位于武乡、沁县、平遥、沁源交界处），三源（指的是羊头山正源、赤石桥河和紫红河）奇注，径泻一隍，又南会三水（交口村的白狐窑河、河西村的狼尾河和中峪乡龙头催的西川河），历落出左右近溪，参差翼注之也（两岸溪涧不断注入）。

《明史·地理志》载：

沁河中的一景：九女仙湖

（沁源）北方有绵山，沁水出焉，下流至河南修武大河，行九百七十余里。

沁河龙游蛇走。沁河流域山高沟深，流域辽阔。沁河时而坡陡流急，奔腾呼啸，盘曲悠远，环绕群山如龙游蛇走，时而曲水萦流，波光潋滟，清澈见底，水天一色如悠闲贵妇。

唐代诗人白居易在《游坊口悬泉，偶题石上·时为河南尹》中描述曰：

济源山水好，老尹知之久。常日听人言，今秋入吾手。孔山刀剑立，沁水龙蛇走。危磴上悬泉，澄湾转坊口。虚明见深底，净绿无纤垢。仙棹浪悠扬，尘缨风斗薮。岩寒松柏短，石古莓苔厚。锦坐缨高低，翠屏张左右。虽无安石妓，不乏文举酒。谈笑逐身来，管弦随事有。时逢杖锡客，或值垂纶叟。相与澹忘归，自辰将及酉。公门欲返驾，溪路犹回首。早晚重来游，心期罢官后。

粼粼沁河穿行于群山峻岭之中

（2）三山环抱

　　沁河时而蜿蜒穿行于崇山峻岭之中，太行山、太岳山、中条山三座大山盘踞耸立，气势雄伟，景观壮丽；时而浩荡奔驰在广阔平原之上，上党盆地、泽州盆地（由阳城、高平、陵川、沁水等数个盆地组成）星罗棋布，植被茂盛，沟壑纵横。

　　粼粼沁河出太岳。太岳山脉，又名霍山，《沁河志》载，"活风村东北沟中石崖下一穴，出水湍急"，为沁河源头。沁源，因沁河之源而得名，境内山峦起伏，叠彩翠岭，尤以灵空山风光绝美。灵空山地势险峻，中心处三座孤峰突起，如倒置的三只鼎足；山间巨松数不胜数，"九杆旗"一茎出土，派生九株，参天而立，笔直挺拔，被誉为"山西巨松"；山下，深谷交汇，形成一个巨窟石井，宛若神工鬼斧开凿；谷中，溪流缓缓，涓涓有声，蜿蜒迂回，聚水成潭；谷间，山路崎岖穿梭，陡峭曲折，宛如飘带，其间仙、峦二桥沟通南北，贯连三山。

　　碧波荡漾润上党。沁水发于上党，上党意指"地极高，与天为党，故曰上党"（狄子奇：《国策地名考》），可见上党之地高势险。随后一路向南奔流而下，流经盘秀山，盘秀山耸峙云端，逶迤弯曲，山威岫盘，孤峰峻峭，如盘龙之势，又山坡松林密茂，百花争艳，故人称盘秀山；再到历山，因"禹耕历山"闻名于世，历山奇峰峭壁，挺拔俊秀，峰谷相连，林木参天，高耸入云，舜王坪的高山草甸平坦辽阔，芳草遍野，即传说中禹王耕种之处。清代诗人张尔墉在《登历山》中赞曰：

> 古帝躬耕处，千秋迹已迷。
> 举头高山近，极目乱峰低。
> 花开闻幽径，泉水过远溪。
> 黄河遥入望，天际一红霓。

耕猎渔桑育获泽。沁水到达晋城端氏镇后，地势逐渐平缓，形成了大片河谷台地，土地肥沃，气候温暖，水量充裕，为华夏始祖提供了良好的生存环境。

《史记》记载：

> 舜生于蒲坂（今永济市），渔于获泽（今阳城县），耕于历山。

奔流千里汇黄河。沁河自阳城栓驴河进入济源流入河南，从武陟进入黄河。

2. 依水而居　渐成城镇

考古证明，人类文明发源于河流沿岸。黄河流域就是华夏文明的发源地，作为黄河支流的沁河沿岸因土地肥沃，水源充足，气候怡人，物产丰富而成为华夏先祖繁衍生息之地。舜"渔于获泽，耕于历山"就是最有力的证明，而下川遗址、和村遗址就是最直接的证据。氏族聚居日久，故而文明逐渐形成，社会逐渐成形。

（1）依水而居

1970年，在沁河流域下川地区，考古发现了距今2.3万至1.6万年的古人

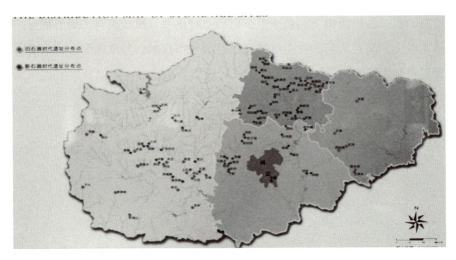

石器时代遗址分布图（拍摄于晋城博物馆）

类遗存，经专家认定，为旧石器时代晚期的文化遗址，并命名为"下川文化"。塔水河遗址、西瑶泉遗址、八里坪遗址、和村遗址、高都遗址等密布于沁河沿岸，成为了华夏文明的源起之地。

早在距今约两万年前，在沁河沿岸，从灵空山到析城山、从下川到八里坪，无不活跃着华夏先民的身影，从岩洞到密林、从旷野到沁河，他们打造石器、制造工具，进行狩猎、耕种、渔获、采桑等活动。

石器（拍摄于晋城博物馆）

依水而居的沁河村落

　　在旧石器时代，华夏先民普遍使用黑色燧石为原料制作细小的石制工具，包括刮削器、尖状器、石核、石叶等，然后和骨、木等物缚在一起，做成复合工具，集体捕捉野兽、打捞鱼蚌来维持生活。沁河流域属于暖温带半湿润大陆性季风气候区，四季分明，气候怡人；沁河流域沿岸既有高山峻岭，也有河谷台地，这样的自然环境，使沁河流域内森林茂密，草地肥沃，野兽众多，狩猎资源丰富；沁河水域内支流纵横，分布广泛，既有飞湍急流，也有缓缓溪流，使渔猎更加容易。

　　到新石器时期，华夏先民开始在沁河沿岸修建固定的住所，开始使用磨制的石器和陶器，农业和家畜饲养业逐渐兴起。沁河流域属于"长日照地区"，便于农作物生长，而且大面积的河谷台地适宜种植，沁河水源充足，利于灌溉。华夏先民便在这片土地上繁衍生息，日益发展。

　　沁河流域的历史文献、传说也从另一视角证实此地是华夏文明的源头之一，《史记》中明确说"舜生于蒲坂，渔于获泽，耕于历山"，而历山的舜耕遗迹、舜王庙、舜王犁沟等也印证了这一传说。

　　《山海经·北山经》中说：

　　　　发鸠之山，其上多柘木。有鸟焉，其状如乌，文首、白喙、

依水而居的生活场景（拍摄于晋城博物馆）

赤足，名曰精卫，其鸣自詨。是炎帝之小女名曰女娃，女娃游于东海，溺而不返，故为精卫，常衔西山之木石，以堙于东海。漳水出焉，东流注于河。

其中的发鸠山就在沁河流域的高平地区，至今山中庙宇多与精卫鸟有关。北宋《太平寰宇记》中也记载了炎帝神农氏在羊头山的活动，说"神农尝五谷之所，上有神农城，下有神农泉"，羊头山就在沁河流域的长子县和高平市的交界处。

（2）渐成城镇

当华夏先民由游猎形式转而进入农耕形式时，固定的住所、耕地和饲养场所逐渐使他们的生活稳定下来，渐渐在沿河两岸形成聚落。"聚落是人类活动的中心，这里是人们居住、生活、休息和进行各种社会活动的场所。"（金其铭：《聚落与地理》）聚落作为人类适应、利用自然的产物，是人类文明的结晶，聚落的外部形态、组成形式无不深深地打上了地理环境的烙印，而依水而居是最直观的原始聚落特征，沁河流域的考古发现印证了这一特征。

随着生产力的提高，单纯依水而居已经无法满足先民的生存发展需要，"风水"逐渐成为居住选择的核心内容。所谓风者，取其山势之藏纳不冲冒四面之风；所谓水者，取其地势之高燥，无使水近肤亲肤而已。围合的平原、流动的河水、丰富的山林是理想的聚落之所，既可保证采薪取水的生活和农业需要，又能保证健康和谐的生存与发展需要，沁河正是符合这一特征的理想聚落之所。

历史再向前发展，随着生产力的极大发展，私有制产生，促使社会劳动分工，手工业和商业开始从农业和畜牧业中分离出来。古者"日中为市，致天下之民，聚天下之货，交易而退，各得其所。"（《周易·系辞下》）市场交易带来了物质交换，而物得其所则更加促进了社会发展，选择更加便于货物交换的交通通达之处安居逐渐成为居住选址的核心内容。而沁河流域在晋城地区有168公里，但是就古村落的分布状况可以发现，其主要是集中分布在沁水县的南部、阳城县东部、泽州县西南部，位于河谷地区。沁河流域的古村镇的形成与当时的经商有关，地方商帮对村落的产生有很大的影响。由来已久的经商之风、沁河古道在古代商贸中的重要地位以及先民择水而居的传统习惯，使得一个个繁华的古镇崛起于沁河之滨；古镇周边，则散落着灿若群星的古村落；沁源、安泽、沁水、阳城、泽州等县由此渐成。

3. 河东屏障　冀南雄镇

沁河流域地区重峦叠嶂，环山相抱，关隘众多，独特的地势成为其一大特点，也因此，沁河流域成为重要的军事基地。除此之外，重要的交通要道也是沁河流域发展和壮大的关键条件。该地区被称为"河东屏障，冀南雄镇"。

（1）河东屏障

山西雄踞于黄土高原之上，境内山峦起伏，沟壑纵横，素有"表里山河"之称。沁河流域作为山西省的重要组成部分，其地势环境与山西省整体地势有异曲同工之处。在沁河流域境内，太行山、太岳山、中条山、王

天井关

屋山等山海拔较高且百岭相连，地势险要，山岭交错，沟壑众多，形成天然的屏障，成为重要的军事关隘所在地。"因地形，用险制塞""一夫当关，万夫莫开"，就说明雄关险隘在地形中的重要性。

清顺治《潞安府志》中载：

> 初置郡时，奄有潞、泽、沁、辽之地，居太行之巅，据天下之脊。自河内观之，则山高万仞；自朝歌观之，则如黑云在半天。即太原、河东，亦环趾而处于山之外也。乃其势东南绝险，一夫当关，万军难越；西北绝要，我去则易，彼来则难；夫非最胜之地哉！

从中可以领略到沁河地区地势的险峻，可以感受其庞大的气势。

沁河流域的晋城素有"河北之屏障"的称号，其被太行山、太岳山、中条山和王屋山所包围，并且有沁河和丹河两条河流贯穿整个地区，复杂的地形形成了许多的关隘，成为军事聚集地。

　　沁河流域除独特的地形条件外，其所处的地理位置也是其成为兵家必争之地的主要原因。沁河流域北依上党，南邻中原，东眺冀鲁，西望洛阳，是三晋通向中原大地的交通要道。自古以来，山西就开通了前往华北平原及中原大地的八条峡谷状车马道路，称之为"太行八陉"，而其中有三条陉道是在沁河流域境内，分别是晋城市境内的轵关陉，其从阳城通往河南济源；泽州境内的太行陉，通往河南沁阳；陵川境内的白陉，通河南辉县。这些径道是沁河流域通往中原的主要交通道路，也是重要的军事关隘所在地。

　　天井关，位于晋城市泽州县，是沁河流域最具特色的险要关口之一，人们常用"下视中原虎踞雄"来形容天井关，可见其位置的重要性。天井关又称太行陉，因其地势雄峻，被称为"上党第一关"，是争雄天下的要陉。天井关到洛阳的距离仅不到一百公里，加之天井关的南面有被形容为"盘曲如羊肠，塞太行之道，壮关门之险"的羊肠坂道，使其成为重要的军事基地和交通要塞。

（2）冀南雄镇

　　山西关隘众多，除了具有重要的军事作用外，同时是重要的交通枢纽，供商旅转贩和商队通行。其间的条条道路组成沁河流域重要的交通

金郭壁旁的古索桥

运输网。这条条道路是晋商发展的重要交通枢纽。张正明先生在《晋商兴衰》一书中说"山西地处中原与北方游牧民族地区物资交换的要冲",而山西关隘所起的交通枢纽作用是晋商兴盛的一个主要的原因。在山西经济的发展过程中,关隘集物流、资金流和信息流等重要的角色于一身。在马书岐、王怀中的著作《山西关隘大观》中《山西关隘和山西关隘文化》一文也对关隘的作用进行了说明,特别是指出了其对晋商发展的作用,其中提到:

> 关隘在商路上的作用明显,早在唐朝就形成了以晋阳(今太原)为中心,经过关隘通往国都长安、东都洛阳、幽州(今北京)和突厥、回纥诸都的交通枢纽。比如,从晋阳向南出发,经潞州、泽州,越太行山天井关,可通往东都洛阳。

许多关隘不仅仅起着沟通的作用,还有中转、集散的功能,形成重要的商贸重镇。

沁河流域的主要交通除陆路外,水路也特别发达。陆路和水路的开通,使得沁河流域地区与外界的联系频繁,促进了沁河流域地区经济、政治和文化的发展,使其成为重要的商业贸易基地和军事基地,加快了沁河流域城镇化的发展。

沁河将沁河流域与周围的地区相连接,通过沁河,各地区之间得以互相来往交流。便利的水路交通使得各地之间的联系更为密切,各地之间的贸易往来更为频繁,基于商业贸易和货物集散发展起来的集镇的规模越来越大,其对沁河流域地区的影响也越来越大,提高了其知名度,进而又吸引更多的商旅来到这里,带动新一轮的增长与发展。

位于沁水县嘉峰镇辖区的郭壁古村,有"金郭壁"的盛誉。郭壁古村优越的地理位置和便利的交通促使其经济快速增长,成为古代商贸重镇。郭壁古村位于沁河流域的中部,周围与晋城、长治、临汾、运城、济源等地相邻,人们沿沁河建造河堤和防护的墙垛,供商人行走,使得这里商贾云集，人来人往，沁河上舟船如梭，好一番繁华景象。岁月带走了它昔日的繁华，但是从现今的郭壁古村，仍能感受到其昔日的兴盛。

昔日的泽州周村镇也是依托便利的交通和重要的地理位置而发展成为"行山重镇"的。周村镇是泽州县的西大门，自古便是通中原、接河东、抵秦陕的交通要道上的商业和军事战略重镇。此外，这里还是晋、陕、豫、皖等省民间客流、货流、物流的集散地，商贾云集，带动了经济的发展，促进了周村镇城镇化发展。

4. 资源丰富　高官巨贾

沁河流域境内物华天宝，人杰地灵，丰富的自然资源为沁河流域经济的发展提供了厚实的物质基础，使沁河流域经济得到快速的发展。经济的发展推动了耕读入仕的传承和发展，使得高官巨贾在这里聚集。

（1）资源丰富

山西省自然资源非常丰富，在晋商发展的过程中，丰富的资源为其发展提供了物质基础。山西人善于经商，并驰名中外。在明清时期，晋商的发展最为繁盛。在全国有三大商帮：晋商、徽商和潮商。其中最为富有的是晋商。梁启超先生曾经这样描述晋商的繁荣：

> 晋商明初至清末，五个世纪，经营项目最广，活动范围最大，资本最雄厚，利润最为巨大的集团，成为封建商业经济高度繁荣发展的中坚力量，足以自夸世界商人之列。

可见晋商的经济实力之庞大。沁河商人是山西商人的重要组成部分，其经济实力同样庞大，"平阳、泽、潞豪商大贾甲天下，非数十万不称富"，可见，沁河商人之"富"。而沁河商人的财富是基于沁河流域丰富的自然资源的，这为其产业的发展和壮大提供了物质基础。

山峰林立、沟壑众多的地理环境阻碍了沁河流域农业的发展，但是沁

沁河流域出土的古兵器

河流域物华天宝，广袤的地域内，自然资源非常丰富，地上地下，宝藏遍地，尤以地下宝藏为多。依托丰富的自然资源，沁河流域的工商业逐渐发展起来，并成为沁河流域的一大特色。

沁河流域地区铁资源非常丰富，产铁历史非常悠久。在山西有25个县有铁矿，其中就包括沁河流域地区的晋城、高平、阳城三个地区。

沁河流域铁矿资源的使用和生产在春秋战国时期就已经开始。从此，沁河流域的冶铁技术不断发展，成为我国古代冶铁技术最为发达的地区之一。《中国矿业志》中记载说："本省（山西）铁矿以平定州、盂县及潞安州至泽州、阳城者最著，其开采似始于二千五百年前，迄唐弥盛。" 铁资源的广泛应用，带动了冶铁业的发展，进而促进了铁商的发展。在明洪武七年（1374），全国共设有13个冶铁所来负责管理官营冶铁生产，其中就有5所在山西：平阳2所，太原、泽州、潞州各1所。

沁河流域的冶铁业非常发达，《阳城县志》记载："北齐时，已用地下土圆炉炼铁，现从润城、蒿峪、安阳、尹家沟等古炼铁遗址来看，已改用方炉炼生铁，炒炉炼熟铁。"可见在北齐时，冶铁业已经非常的发达。到明清时期，沁河流域的冶铁业最为繁荣和强大，在阳城较大规模的冶炼业，冶炼工场和制铁作坊纷纷建立，并且形成了自己的特色，如阳城犁镜、大阳钢针成为当地名产并行销全国各地。

砥洎城古老的坩埚墙，见证了当时炼铁业的兴盛。人们用废弃的坩埚砌成坚固的高墙来抵制盗匪的侵入。

在沁河流域流传着"黑行兴，百业兴"的说法。其中所提到的"黑行"是指铁业和煤炭。沁河流域除了拥有丰富的铁矿资源外，还有丰富的煤炭资源。

沁河流域煤炭资源非常丰富，是著名的煤炭之乡，在当地煤炭资源的开采和利用有着悠久的历史，是历史上开采和利用煤炭最早的地区之一。沁河流域先民使用煤炭的历史可以追溯到春秋战国时期。当时的人们主要是利用露天煤炭来冶铁。到唐代，沁河流域的人们开始从地下采煤。到北宋时期，煤炭在当地得到了广泛的应用，煤炭开始有剩余产品出现，使得沁河流域的煤炭开始向其他各地销售。

泽州铁器誉满天下

古泽州地区属于"沁水煤田"，多为量大质优的无烟煤，埋藏不深，可开采厚度 5~7米。这里"白煤"、"蓝花炭"产量大、煤质好、含硫少、热量高，最适合冶炼，因此，周围村落的人们开始开采煤炭，煤炭业开始逐步发展。煤炭的作用非常的广泛，可以用于做饭取暖，也可以用于冶炼和烧制瓷器等，带动了相关产业的发展。

采桑、养蚕、缫丝是沁河流域农民的主要副业收入。沁河流域蚕桑业的历史可以追溯到几千年前的周朝，其中泽州、沁水的蚕桑业发展最为迅速和庞大，曾经是中国北方最大的纺织中心，其所产丝绸还曾作为贡品源源不断地通过丝绸之路远销海外。

在明代，明太祖朱元璋实行"开中法"，鼓励内地和边关的军城进行物资贸易。沁河商人抓住时机，利用资源优势和交通优势，使沁河流域煤、铁等战略物资的贸易盛行，使沁河流域经济有了飞跃的发展。

（2）高官巨贾

明清时期，沁河产业迅猛发展，带来了长距离商业贸易活动的兴盛，在旧有商业线路的基础上，扩展形成了商线，随着商业活动的频繁，在商道沿线滋生了许多商贸服务型村镇，如上伏、蒿峪、八甲口等。晋城域内扩展原有三条古道，形成一条太原经长治、高平至晋城下洛阳路段的"次冲"，形成晋城至翼城、晋城至陵川道两条商道。除此之外，晋商还依赖大道进行商贸活动（清化一大道、二大道）。大道为青石路面，供人行和骡马驮运，多为民间集资修建。在良好的交通商贸环境中，大量晋商通过贩运经营煤炭铁器制品，从贫民跻身于商贾名流，

见证着沁河流域发达冶金业的坩埚墙

促进了本地域商业文化的繁荣。商人发家之后在故土选址，修建奢华的大型宅院群，如阳城南安阳村大院群、洪上村范家十三院等，部分村镇也因经营货物而出名，如因经营铁器钢针而闻名的大阳镇、因经营丝绸染织而闻名的高平边家沟村等。

利用资源优势和交通优势，沁河流域的商人积累了雄厚的资本，在明代的典籍中有记载说："平阳、泽、潞富商大贾甲天下，非数十万不称富。"在沁河流域地区，其丰富的自然资源和重要的交通位置为商人的兴起提供了丰富的物质基础和交通枢纽，商人在当时的社会生产活动中占有重要的位置。

高官巨贾的宅院

"晋俗以商贾为重，非弃本而逐末，土狭人满，田不足耕也。"可见，在沁河流域乃至于整个山西来说，促使人们经商的原因之一是"土狭人满，田不足耕"。在经商群体中，有一部分出身于农民家庭，而他们的家乡就是他们的根，无论发达或不如意，他们都会回到自己的家乡。

以泽潞商帮为例。泽潞商帮对沁河流域的发展有非常重要的作用，泽潞商人的发展带动了当时经济的发展。同时，泽潞商人在致富后，都会回到家乡，致力于家族建设。可以发现的是，沁河流域的许多村落，就具有浓厚的商贸和防御的特征。在沁河流域古镇的发展过程中，商贸和防御特征贯穿始终。

此外，经济的快速发展为人们提供了优越的生活条件，一些人开始选择读书入仕。在传统的社会中，衣食致富要靠力田行商，而要成才扬名、光宗耀祖必须读书习字。明清时期，沁河流域经济的繁荣和发展，使得人们的生活非常的富足，所谓"仓廪实而知礼节"，人们开始注重子孙的学问培养，使得当地文风兴盛。在这一时期，沁河流域一带成为科甲连绵、名人辈出的宝地，清顺治丙戌年，晋城市阳城县就有"十凤齐鸣"的说法。在这一地带涌现出许多的文人雅士、高官达人，如李翰、常伦、陈廷敬等，蕴含有深厚的士大夫文化。

以阳城和沁水为例。从明代以来，两县文风勃兴，名人辈出，成为科甲题名的宝地，具有深厚的文化积淀。沁水西文兴村的柳氏家族是沁水县众多文化巨族的一个缩影和代表。唐朝末年，柳氏家族的人迁居到了西文兴村，柳氏后人一直遵循着家族的古训，耕读传家，书香相继，逐渐形成浓厚书香气息和柳氏家族民俗文化。在明朝永乐年间，柳琛继柳宗元后再次入仕为官，柳氏家族自此开始渐入佳境，子孙衍延，家族不断旺盛。西文兴村的柳氏后人或为官或为商，让家族繁荣昌盛。在乾隆年间，柳氏家族再一次达到了鼎盛时期。乾隆赐予柳氏家族"香泛柳下"的匾额，昭示了柳氏名门的兴旺。

阳城县北留镇的皇城村是清康熙朝陈廷敬的故里。在明清时期，皇城村科甲鼎盛，人才辈出。居住在这里的陈氏家族更是明清时期有盛誉的文化巨族。在明清年间，陈氏家族享有"德积一门九进士，恩荣三世六翰林"的美誉，出现了41位贡生、19位举人，并有9人中进士，6人入翰林。在此期间，有38人走上仕途，奔赴大半个中国为官，政绩非常显著，其中数陈廷敬最为出名。陈廷敬是清代名臣，以清廉正直而闻名。

高平的良户古村是由少数姓氏组成的血缘聚落，有几千年的历史，它见证了中国农耕社会"耕读传家"的聚居方式和文化生态。在历史上，良户古村的村民是以耕种为主，兼营商事，手工业相当了得，是泽潞商人的主要部分。到明清时期，良户古村文风淳厚，经济繁荣，人才辈出，仅田氏家族就出了田逢吉、田光复、田长文三位贡进士和多位举子。田逢吉在顺治乙未（1655）中进士，选翰林编修，累官内国史院学士，终于浙江巡抚任上。田长文在康熙己丑年中进士，由教习升任镇海令。田光复在康熙三十六年中进士。田氏家族人才辈出，一门三进士，名震泫氏。

窦庄堡的立体防御

5. 盗匪猖獗　民难安生

山西境内地势险峻，沟壑众多，形成了天然的屏障，但是这些对于战争有利的地形，对商人经商却成了"天险"。道路难行，常被人们视为险境畏途，同时也是发生劫掠的重要场所。一些土匪强盗在关隘安营扎寨，对当地的商人和百姓进行抢劫掠夺，使当地的人民生活在水生火热之中。

特别是在明朝末年，自然灾害不断，农业凋零，官吏强征，导致农民四处流亡。为了生存，许多人开始抢掠，富裕的沁河流域成为起义军和当地流寇掠劫的重地。得天独厚的关隘成为盗匪聚集的地方，而商人便成为这些盗匪的"猎物"，使得商人受损，甚至牺牲掉生命。频繁的劫掠使得商人闻风丧胆，进而制约了当地经济的发展。

《阳城县乡土志》记载："崇祯四载流寇猖狂，五六年间，邑民涂炭，王刘村、润城、都郭谷里诸乡之杀掠尤多。"战乱给当地的经济发展和社会秩序造成了严重的破坏，屠戮与劫掠给老百姓则带来了无限的痛苦和创伤。但是，面对农民军和流寇，当地的居民没有选择放弃，而是选择保卫自己的家园，防御外敌，开始注重村落和民居的防御功能。

窦庄堡就是防御村落的主要代表。窦庄的张氏家族在明朝时期兴起，一时人才辈出，自明万历二十年（1592）张五典中进士入仕后，张氏家族书香传家，科甲连连，名流辈出。到明朝末年，张五典告老还乡，他看到明朝政府岌岌可危，于是开始建造窦庄堡，后来由于张五典病逝，由霍夫人带领家族人一起完成。在农民起义时，窦庄屡遭攻击，但张氏家族带人顽强抵抗，最终保住了自己的住所。

二、武风：悍勇尚武　耕读入仕

山民山性，敦厚淳良，悍勇尚武，耕读传家，崇文尚礼，入仕耀祖！

民风乃民之性也，是聚落的民众风气、民间风俗。沁河地处深山，却深受儒家文化熏陶，其民众性格中既有敦厚淳良的山性，还有悍勇尚武的习俗，又有入仕为官的传统，沁河人将这三种性格特质完美地融入生活，这在其祭祀、庙会、节日庆典中皆有反映。

山民自有山性。在茹毛饮血、刀耕火种之地繁衍生息的沁河人，在战事繁复、刀光剑影之中艰难求生的沁河人，其性格中必然有着本分、安分、实在、实诚的山性。《祝志·辽州》记载：山西"山川险绝，其民信实纯厚。"宋代谢惊《清虚观记》认为山西"地高气爽，土厚水清，其民淳且重"，均刻画了山民敦厚淳良的山性。

悍勇才能生存。沁河是"天下之脊"，是"可望中原"的战略要地，是英雄逐鹿的角力场。"辅车相依，唇亡齿寒"的灭虢之战、"塞翁失马，焉知祸福"的韩原之战、晋文公"退避三舍"的城濮之战、"血染残阳"的长平之战等，均显示了沁河之地的风云变幻、危机四伏。居于此地的沁河人，无悍勇之性格、尚武之民风断难生存。沁河人为保家卫族，遂习武成风。

入仕成为传统。居深山而望朝堂，隐市井却忧国难！沁河人就是这样，作为儒家文化的发源地之一，后儒家代表之一的荀子为沁河人注入了浩荡儒风，李瀚、刘东星、孙居相、孙鼎相、田从典、陈廷敬、张五典等历代名臣将相的文化为沁河注入入仕之髓。

1. 民风质朴　敦厚淳良

民风，民之性也。表现为民众的风气、民间的风俗。民，就是百姓，风，就是长期形成的风气、风习、风尚，不约而同、顺其自然却约定俗成的，即为风。

沁河是山西仅次于汾河的第二大河流，是黄河的重要支流。河流是文化的发源地。自然而然，风卷云舒，斗转星移，伴随着沁河日夜不息地逶迤奔流，在时间的打磨中，犹如蚌中涵养的珍珠落落而成，沁河流域独特的民风散发出熠熠光彩。

论及沁河流域之民风，首推八字：民风质朴，敦厚淳良。这还要从山西的民风说开去。民风之发酵初始于独特的自然环境之中。山西，从地形地貌而言，素来有"华北屋脊"之称，山多川少，境内峰峦雄伟，绵延起伏，东有巍巍太行作天然屏障，故山西得名于"太行山以西"；西有吕梁兀立，北亘北岳恒山、五台山，南耸中条山，中立太岳山，群山交相呼应，其中更有丘陵、台地遍布，如卧龙环抱以遍天下。沁河流域境内多为支脉，有珏山、七佛山、羊头山、龙王山、斜眉山、王屋山、饼蒸山、铁佛岭、棋子山等等。山在中国文化中有一个极其深奥的内涵。早在茹毛饮血、刀耕火种的远古时代，我们的祖先即对山怀有一种特殊的崇拜和敬畏情愫。且不说历朝历代的帝王竞相登极而俯首叩拜祭祀祈福，更引得多少文人骚客不吝笔墨寄情抒怀。山有着怎样的内涵呢？山在甲骨文和金文字形中像山峰并立的形状。

《国语·周语》中讲：

> 山，土之聚也。

山直立于地面，拔地而起，直视苍穹，吞吐吸纳天地之精华。《论语》记载圣人孔子有言：

> 智者乐水，仁者乐山。智者动，仁者静。

《韩诗外传》的作者又对孔子这一山水观作了比较精妙的解释。关于仁者乐山，此书说道：

> 山者，万物之所瞻仰也。草木生焉，宝藏植焉，飞鸟集焉，走兽伏焉，四方益取与焉。出云导风，从乎天地之间。天地以国，国家以宁。此仁者所以乐于山也。

就是说山能滋养万物，能兴邦安定，这犹如仁爱之人的道德，所以他们乐于山。而八卦中把山作为艮，表示静止、阻止等意。所以国家由于山的阻止而形成，人的生产生活由于阻止而重新思考或休养生息。可见，山代表了牢固、沉稳、静穆、厚重、内敛，身高不言高，体厚不言厚，经年累月，历经沧桑，任风云变幻我自岿然不动。山西人世代与山相依为命，靠山、敬山、爱山，是地地道道的山民。山民自当有山性。《祝志·辽州》记载："山川险绝，其民信实纯厚。"宋代谢惊《清虚观记》认为山西"地高气爽，土厚水清，其民淳且重"。山西人本分、安分、实在、实诚，这种山性般的民风自然涤荡，真实可感。

山西人的朴实名副其实，沁河流域的民风也具备了这样的特点。商人、文人、武人一应如此。

提到商人，人常说无商不奸，以前商人的社会地位是比较低下的。剥除封建朝代重农轻商之政策这样的外因，还有一个很重要的内因——商人的精明油滑。"操奇计赢""蜀贾卖药""偷工减料""囤货居奇""饮羊登垄"，古代汉语中形容商人的成语，许多都带有负面和消极的色彩。不择手段，欺诈牟利，坑蒙拐骗，机关算尽，打着金珠算盘，抚着八字胡须，两眼滴溜溜转得飞快，似乎这就是商人在人们心中的印象。晋商反其道而行之，深知"老实"才是办大事的根本。明清时代，晋商足迹遍及大江南北，大买卖基本上都让晋商一家包揽了。其中，沁河流域的潞商就是晋商的优秀代表。

潞商能缔造晋商煊赫鼎盛的盐铁伟业，上党地区得天独厚的物产资源为其奠定了基础，成熟和精湛的生产技术加速了它的崛起，而诚实经营、信誉至高的经商操守才是其要诀。晋商之所以能做这么大的买卖，其最主要原因在于"老实""信得过""你办事我放心"。当时中国并没有银行、保险公司这样的信用机构作为中介和担保，做大买卖所需的数以万计的银两本钱，全靠向亲戚朋友借贷。那时借钱没有什么担保，借钱的信用全靠当事人的一句承诺。晋商之所以能够汇通天下，靠的就是大伙儿看对和认准了山西人老实这一品质，靠的就是老实人得民心，得民心者得天下。

《清朝文献通考》卷十八中记载：

> 山右巨商，所立票号，法至紧密，人尤敦朴，信用最著。

而清代外交家、首任驻英公使郭嵩焘也赞誉晋商说：

> 中国商贾夙称山陕，山陕人智术不能望江浙，其推算不能及
> 江西湖广，而世守商贾之业，唯其心朴而实也。聪明人做小买
> 卖，老实人做大买卖。说老实话，办老实事，做老实人。不欺
> 天，不欺人，不欺自己……

晋商近乎倔强而执拗地恪守着厚道本分的原则。由晋商来看，山西人的质朴便可见一斑了。

提到文人，山西的文人也是质朴的。山西自古多出现实派的文人，赵树理就是其中一个典型。赵树理笔下民风的原型，就是沁河流域的民风，说道说道也是颇有意思的事情。

赵树理是迄今为止写中国农民最为成功的作家。不论是在硝烟弥漫的20世纪40年代，还是在和平建设的20世纪五六十年代，赵树理的小说创作都真实地表达了农民的愿望和心声。从中国文学发展的角度看，还没有哪一位作家能超越他，去汲取民间文化的养分，站在现实的立场，以民间的情怀，一心为农民写作。赵树理打小生活在沁河流畔，面朝黄土背朝天，小小年纪就参加生产劳动，过着被剥削的艰苦生活，因此通晓晋东南农村的生活习俗，

赵树理

熟悉农民的文化风尚和艺术爱好，这种朴实无华的环境孕育出了赵树理独

特的"山药蛋派"风格和气质。毫不夸张地说，山药蛋派的风格，一定意义上被视为山西文风的代表。那么，山药蛋派是什么风格呢？要说"山药蛋派"，先要说说山药蛋。山药蛋，是山西等地的土话，就是土豆。山西人离不开山药蛋，物质贫乏的过去，每到北风凛冽、寒风刺骨的冬天，山药蛋这种好生长、好贮存、顶饱耐饿的"实在"蔬菜，便成为山西人的心头爱。山药蛋实际又实用，山药蛋派的风格就像山药蛋一样，不见华丽雕琢的辞藻，有的就是原汁原味的真实呈现。山药蛋派的作家塑造了一个个如小二黑、小芹、赵大嫂等等血肉丰满的故事人物——作家的故土是作家灵感的源头。山药蛋一样文风下的民风和民性，就直接映照了沁河流域质朴的民风。

2. 尚武图强　悍勇豪放

顺着历史纵深绵延的古道寻踪觅迹，这片土地，总使我们抑制不住钩沉往事的冲动，风起云涌之间，恢宏的史诗巨卷在忆海深处铺陈开来，波澜壮阔，荡气回肠，勾勒点染了人们胸中的气壮山河。

走进山西，晋人尚武。

得山西者得天下。欲成就千秋霸业，必据晋地以为基。山西的地理环境对于用兵之事究竟有着怎样的意义？不妨来看《左传·僖公二十八年》中的记载：春秋时期，晋楚交战，楚国的军队在嶲地背后驻扎，晋侯焦虑万分，担心其偷袭晋国。而谋臣子犯进谏曰："战也。战而捷，必得诸侯。若其不捷，表里山河，必无害也！"什么意思呢？子犯的意思是：我们当然迎战！此战得胜，我们可得诸侯拥戴，即便不胜，那又何妨！我晋国外有黄河北纵南横，内有群山峰峦如聚，必无损害！晋国得此地势而战，天助我也！好一句"表里河山，必无害也"，透露出来的是怎样的自信和底气！

的确，从中原整体格局来看，山西如关如锁，如壁如垒，要想东西贯通，南北接连，不经山西绝不可能。先说南下和东进。南下和东进要过中条山和太行山脉。太行山阻断了山西与华北大平原，自古便有"千秋不易太行山"的说法。太行山平均海拔达1500米，南北狭长蜿蜒达800千米，只有八个宽度仅可容身的峡谷，世人称之为"太行八陉"。一代枭雄曹操过太行时喟叹曰："北上太行山，艰哉何巍巍！羊肠坂诘屈，车轮为之摧！"再论北上和西去。向西，陆龟蒙之铭曰：言天下之险者，在山曰太行，在水曰吕梁。吕梁横卧八百里，腰悬九曲黄河水。向北，"天下之脊"数恒山，雁北咽喉有三关。可谓天工地造之玄机要地星罗棋布，好像神兵能将拱卫，固守无虞。

可见，山西历来为兵家必争之地的说法并非妄谈。龙盘虎踞，群雄并起，引无数英豪竞折腰！自古及今皆如此，生出多少忧与患！朝代更迭，纵横捭阖，纷争斡旋，山西成为政治和军事的角力场和逐利场，历史上颇为著名的便有"辅车相依，唇亡齿寒"之说的灭虢之战，堪称"塞翁失马，焉知祸福"的韩原之战，巧用"退避三舍"之计的城濮之战，标志着晋国衰微、为三家分晋奠基的晋阳之战，血染残阳的长平之战……大大小小的战事不计其数。另外，由于山西北接蒙古，与游牧民族为邻，常常受其侵扰和进犯，自然成为中华民族矛盾冲突频发的焦点地带。烽火连天，干戈不息！乱世之中，人间万苦人最苦，百姓饱受血雨腥风的摧残，家破人亡，颠沛流离，民不聊生，苦不堪言，几近走投无路的境地！一曲曲苍生涂炭的悲歌如泣如诉！

古语有言：穷则思变。独特的地理条件、特定的历史背景，两大因素交织融合，造就了三晋尚武图强的人文环境，成为培育晋人尚武民风的温床。如此恶劣和绝望的生存环境，大大激发了三晋人绝地反击的信念。盛世文可治国，乱世武可安邦。不想在苟且偷生中任人鱼肉，就必须在奋起抗争中图存救亡！尊武尚武，奋发图强，成为整个社会的主流共识。上至帝王将相，下至黎民百姓，都十分重视武功武用：春秋五霸的晋文公善用兵法，运筹帷幄，决胜千里之外；号称"太原公子"的唐太宗李世民自幼习武，精通武艺；一代女皇武则天开创了武举制度。千磨万砺之中更是豪杰辈出，举不胜举：被司马迁誉为"勇气闻于诸侯"的廉颇（前327—前243，山西平遥人）守必固，攻必取，威慑列国；护汉大将军卫青

（？—前106，山西临汾人）初征奇袭龙城，打破了自汉初以来匈奴不败的神话，七战七胜，缔造了无人可及的兵家奇谈，武帝深念其彪炳战功，谥烈求贤，嘉其陪葬茂陵东北；一生无败绩，"饮马瀚海，封狼居胥"的西汉名将霍去病，被后世奉为兵家楷模；武圣关羽（160—219，山西运城人），被尊为武魂忠勇义的化身，成为兵家的信仰；尉迟恭（585—658，山西朔州人），位列凌烟阁二十四功臣，日占三城，夜躲八寨，名震八方，势不可挡……晋人在这种尚武环境的长期淬炼和锻造下，自然而然就形成了悍勇豪放、无惧无畏的性格，反过来，这样的性格也更加促进和加深了尚武民性的发展。

沁河流域亦是武风烈烈。沁河流域的地名是兵事频发的真实写照。战祸的硝烟早已飘散云外，金戈铁马回声依稀，空余一座座城池，古朴的地名饱含深情地向我们倾诉着遥远的故事。且不说"长治"久安、三家分"晋"（城）、血染丹河求长（高）平等旧时的通都大邑，大粮山、空仓岭、马鞍壑、围城村……从"屯"、"营"、"堡"、"庄"等村镇之名的由来中，不难管窥其军事活动之掠影。一份追思，一份温情，一份历史的厚重感。而在战争和生产之余，坊间百姓由三三两两进行比画，到成为一种常态化的习练，时至今日，成为沁河流域民俗活动的前身：武故事、元极舞、花棍舞，透过其夸张的扮相和套路，可以看出对武力的崇拜；威风锣鼓来源于战鼓，威风凛凛，雄姿赳赳，场面极其恢宏壮观。相传公元619年，李世民在霍州大战刘武周部，击鼓迎战，鸣锣收兵，进退有序，一举夺胜，于是流传下威风锣鼓。其曲牌名称亦大多从军事而来："单刀赴会"、"三战吕布"、"四面埋伏"、"五马破曹"、"六出祁山"、"七擒孟获"等，起伏张弛之间，聆听者仿若身临其境，刀光剑影，兵刃相交，尽浮现于眼前。

战事的硝烟已然远去，但是沁河流域的人民，却把这份尚武之心承传了下来。忙来时耕田，闲来时造拳，每当农闲、佳节之时，老百姓们总喜欢"舞（武）一舞（武）"，抒发身体里那份悸动、沸腾的尚武精神。其中与武密切相关的民俗活动，当属二鬼摔跤、圪栏棒。

二鬼摔跤

二鬼摔跤在沁河流域可谓是群众喜闻乐见的民俗体育活动，一般在农历七月十五、清明节、农历十月初一古庙会各种传统节日的场合，老百姓都会自发地组织起来，来一场"二鬼"惊心动魄、畅快淋漓的打斗，十分过瘾。

二鬼摔跤可以说是一种武术动作演练在人偶刀具上的表现。表演时，表演者头戴大头面具，背驮二鬼摔跤道具。二鬼摔跤道具有两个鬼头，互相对视，有两对搭肩假手，还有两条假腿，道具"身子"上穿着掩饰性的服饰。表演者在表演时，双手各握一假腿作为"一鬼"的腿，表演者的双腿作为"二鬼"的腿，表演者腿、背、臂活动，将戏剧、杂技、武术动作的综合，包括抢、转、滚、翻、摔、扫、踢、挡、下绊、托举等摔跤技巧动作，演到激烈时还要运用快速的推、踢、抱、翻、滚、旋等动作。整个过程你推我踢，互不相让，气氛十分热烈。

圪栏棒也是山西民间民俗传统特色项目。圪栏棒表演的基本内容，大多为戏曲武打故事、战争场面。圪栏棒项目从准备到表演的过程十分接

圪栏棒

近武术的习练过程，表演武器都是真刀真枪，表演中的武打动作也都是实实在在的。其表演的项目大体包括《战幽州》、《瓦岗寨》、《三打祝家庄》、《薛仁贵征西》等武戏故事。圪栏棒表演主要道具是"圪栏棒"和"圪栏絮"，同时这一民间文艺的表演名称也是以道具而得名。道具的独特之处在于它既不是从传统戏曲枪棒模仿而成，也不是直接将传统戏曲的斗打武器挪作其用，而是纯粹从百姓的生活中就地取材加工而成。如今，除"圪栏棒"外，表演中还会出现刀、枪、斧、铲等，表演按故事情节进行，表演武器都是真刀真枪，表演中的武打动作也都是"实打实"地来，需要表演者密切配合。

圪栏棒的起源及发展最盛之地当属山西沁水县，较为出名的有青龙圪栏棒、王寨圪栏棒、固镇圪栏棒等。据调查，圪栏棒这项传统民俗项目大约产生于明末清初，盛行于清代和民国年间，迄今已有400多年的历史。在春节、元宵节等传统节日以及当地庙会、民间社火时会出现。圪栏棒流行最盛的地方包括沁水县青龙村、王寨村、固镇村以及附近一带的村落。圪栏棒的整个发展过程彰显了当地群众的聪明才智与尚武崇俗之风。

从民俗生活中，我们就可以感受出这份尚武之气，百姓对武的崇敬和热爱，就这样点点滴滴地融入了生活之中。

3. 崇文尚礼　儒风浩荡

泽州县有个拦车村，该村村小却来历不小。拦车村的村名颇有些来头。传说当年孔子周游列国之时，路过此地，突然前方有几个毛头小孩挡住了去路。他定睛一看，原来这些小孩儿正兴致勃勃地围土筑城，孔子上前请求让道，可孩童却稚声稚气、有模有样地说："自古只有车绕城墙走，哪有城为车让路的说法呀！"孔子当即大惊，虽满腹经纶也竟一时语塞，十分感慨地对弟子们说："真奇也！想不到晋国人如此智慧，连几岁的顽童都聪灵无比，我们去了还有什么可给人家讲的呢？"

拦车村内记述"孔子回车"的图片

传说虽不需细细考据，但也从侧面说明自古以来山西一直都是文明浸泽和滋润的厚土。"九曲黄河万里沙，浪淘风簸自天涯。"黄河是中华文明的发祥之源，黄河绕山西而过，好似一位慈祥和蔼的母亲，用臂弯将自己心爱的孩子紧紧环抱，孜孜不倦地无私哺育着它。黄河最大最急的转弯处，这

拦车村村头的镇堡上砖刻有"晋南屏翰"的字样

里每一寸土地都夹杂着一段历史，这里每一寸土地都激荡着文化的气息。山西，尤其是沁河流域所在的晋东南地区，是华夏文明的直根所在。

儒家思想在中华传统文化的演进中始终居于主导地位，它广泛涉及政治、经济、教育、伦理规范、道德准则等方面，成为中国社会的主流价值取向，深入人心且浃髓沦肌，根深蒂固而难以撼动。中华民族的民族性格、民族精神或民族心理结构的形成与发展，都与儒学的长期影响及精神积淀有着密切关系。

儒家思想同三晋文化之间也存在着交互影响和双向作用。在儒家思想和学说的形成和发展中，三晋文化有着怎样的作为和地位？而三晋文化又是如何在传承和弘扬儒家思想精髓中，形成自己独特的人文环境和氛围的呢？

晋之文化，源远流长，金钟木铎，何其悠扬！孔子专于学问，善于思考，常常从捧读经史和点滴见闻中汲取营养。三晋文化散发的腾焰飞芒深深吸引着孔子。我国最早的诗歌总集《诗经》，反映了上自周初下迄春秋500多年的社会现实生活，其中"魏风"7篇、"唐风"12篇，都出自山西民间。"诗三百，一言以蔽之，思无邪。""温柔敦厚，诗教也。""不学诗，无以言"。孔子认为《诗经》犹如澄澈清透的甘泉，着实为教化人心的范本，其涓涓细流潜移默化地融入了儒家的思想之中。《论语》记载了孔子听到唐虞之世山西南部民间流传的古乐《大韶》时流连忘返的情景，他赞曰："尽美矣，又尽善也！"称赞不绝于口。《左传》和《国语》是记载春秋时代中国历史的最翔实最可靠的典籍，它们对于晋国历史的记述笔墨、篇幅远远超过对其他国家历史事件和人物的记述。两本书中均有大量孔子对晋国历史进程和国治民生的评价。例如，孔子从城濮之战晋文公临战使用诈道、战后尊崇正道的做法十分肯定："临难用诈，足以却敌；反而尊贤，足以报德。文公虽不终，始足以霸矣。"从中总结出"尊先报德，忠信临民"的治国方略。由此可见，这句话一方面直接印证了对晋的关注程度，另一方面从侧面来讲，孔子以史为鉴，经世致用，孔子通过对晋国兴衰荣辱的研究，从中明辨和省悟，汲取思想升华的养料。因此，三晋文化在儒学形成和发展中起到了不可忽视的作用。

反过来，儒家文化以强大的覆盖力和渗透力，为这方水土打下了深深的烙印。披拂沐浴着浩荡儒风，山西儒士辈出。继孔子开创儒学后，儒家文化的发展落到了儒家后人的肩上，其中占有举足轻重之地位，同时也对三晋文化产生重要影响的，当属孔子的著名弟子——"孔门十哲"之一的子夏，以及与孟子齐名的后儒家代表人物荀子和程朱理学的程颢。

子夏是继孔子之后，系统传播儒学的第一人，对儒家文献的流传和学术思想的发展做出了突出贡献，后世誉其为传经鼻祖。毫不夸张地说，子夏是三晋儒学的创始者。子夏后半生在魏国的活动对山西早期的人文环境形成产生了重要影响。他晚年时到魏国西河（今山西南部，河南北部一带）教学，开创的"西河学派"培育出大批经国治世的良才，并成为前期法家成长的摇篮。更值得称道的是青出于蓝而胜于蓝，子夏坚持不懈地传承恩师的思想，又在此基础上创新见解。他结合山西的具体情况，在社会民生、人才选拔方面都提出与齐鲁之儒区别显著的明确主张。子夏宣扬儒学，使得魏国上下尽受熏陶，文明开化，一度成为各国人士都十分向往的文化中心。此后，荀子和韩非子的思想均受到子夏的影响。故三晋之儒始于子夏，到战国中后期出现了荀子，最终由他们及后继者齐力铺陈出三晋儒学的整体脉络。

子夏

荀子

荀子，山西安泽人，战国末期儒家学派中的大师，是我国古代杰出的唯物主义思想家、教育家。李斯、韩非都是他的学生。荀子在继承前期儒家学说的基础上，

书院广场（32根直径1米、高4.2米的竹简形"龙柱"寓意荀子32篇著作）

集各家之长加以综合，建立了自己的思想体系，发展了古代唯物主义。荀子在哲学、逻辑、政治、道德许多方面的认识集中在《荀子》32篇中：自然观方面，他反对信仰天命鬼神，肯定自然规律不以人的意志转移，提出人定胜天；人性问题上，提出"性恶论"，否认天赋的道德观念，强调后

程颢

天环境和教育对人的影响；政治思想上，坚持儒家的礼治之本，兼重人的物质需求，倡导社会发展和礼治法治相结合；教育文化上，荀子的《劝学篇》更是有名，其中集中论述了他对教育之道、学习之道的见解，相当精辟，堪称传世经典。荀子虽一生为传儒而奔走游历，但其流风余韵却泽被桑梓。

程颢，字伯淳，河南洛阳人，世称明道先生，是程朱理学的开创者。25岁中进士，北宋治平年

晋城市程颢书院是程颢注重教化留下的遗迹

间（1064—1067）任泽州晋城令。在主政晋城期间，积极采取措施，兴教易俗，开启民智，其任期三年之内主持修建书院多达72座。《宋史》载："乡必有校，暇时亲至，召父老与之语。儿童所读书，亲为正句读，教者不善，则为易置，则子弟之秀者，聚而教之。"

晋城名儒金代李俊民、元代郝经的文论中都提到程颢在晋城推广教

晋城书院村村阁有明天启年间所刻"古书院"石碣

育、教化民心的事迹。郝经《宋两先生祠堂记》载："未几，被儒服者数百人，达乎邻邑之高平、陵川。"晋城书院村，《泽州府志》称之为明道先生设教之地，村阁有明天启年间所刻"古书院"石碣。

继先辈之后，山西儒风依旧长兴不衰，诸如鲍永、闲仲叔、周党、王霸、郭泰、杜畿、王通、柳宗元、孙复、薛瑄、傅山等等都为儒家士林的

杰出人物。"慎终追远，民德归厚"，他们有志传布儒家思想，以开化民风为己任，使儒家思想在三晋大地枝繁叶茂，星月交辉，光芒熠熠。感其德行，见贤思齐，儒学思想家群体智慧影响着社会各个阶层的主流价值观，其中，仁、义、礼、智、信、恕、忠、孝、悌成为世代山西人乃至中国人以身作则衡量自己人生高度的标尺。

4. 耕读传家　入仕耀祖

沁水养文，沁水养官。光绪版《沁水县志》引前知县邱璐语："支分太行之秀，气联王屋之奇，蛇龟呈形，金水结聚，群山环拱，众壑漾洄，地险出于天成，胜概收其精气。"沁水的钟灵毓秀养育了它的人杰地灵。"太行横拥巨川回，三晋由来产异才。"沁河流域文化的核心就是"耕读入仕"。"万般皆下品，唯有读书高。"苦读不辍，考取功名，平步青云，一朝为官，光耀门楣，在封建时期被奉为正道。沁河地区史上为官者多如牛毛，不可计数，涌现出一大批靠耕读发家的名门望族，如窦庄张氏家族、湘峪孙氏家族、柳宗元后代柳氏家族、王国光家族等，都是入仕的典型。

（1）张氏家族

沁水县窦庄村张五典、张铨及其家族后代，崇尚文教，喜读诗书，在明清时期，入仕为官者多达52人，自万历年间"太子太保"、"兵部尚书"张五典始，到清代光绪年间最后一次科举为止，张家辈辈有进士，代代出人才。张五典官任万历兵部尚书，为明万历二十年（1592）进士，先后在天津、山东、河南等地为官。天启二年（1622）任南京大理寺正卿，天启三年（1623）加升兵部尚书。他在山东任职时，曾主持了对泰山的勘察，所作《泰山道里记》为后人留下了宝贵遗产。其子张铨万历甲辰（1604）进士，任保定推官，后升任浙江道御史。张铨出巡陕西茶马，后又巡按江西，先后任御史十多年。后任辽东巡按，驻辽阳。建州叛军入侵，张多次参与机密。因袁应泰无能，丧失辽东，张陷城中，被押见建州

叛军统帅，见到叛军统帅后他立而
不跪，反而引颈以待。叛军无奈，
又把张铨押回官署。当时城中百姓
纷纷要求保护好张使君。张铨听后
对大家说："你们都是好百姓。"
说罢便整好衣帽，遥拜京师，然
后挥剑自刎，时值天启元年八月
二十二日，当时他年仅45岁。其不
屈事迹传至京师，皇帝痛心万分，
感恩其诚，加封谥号"忠烈公"。
张铨著有《皇明国史纪闻》12卷，
40余万字，记载了明洪武年间至正
德年间150余年的历史，以大事记

司寇第窦氏家族的私塾

窦庄古堡门匾"世进士第"

窦氏教育子孙所题之牌匾

窦庄古堡影壁上的"忠"、"孝"仍清晰可辨

形式编写，言简意赅，内容丰富，是研究明史的重要资料，已入《四库全书》。另外，张铨还著有《春来集》。

张五典、张铨父子不愧为人臣，留给后世的卷作足以见二人文思敏捷，博学多识。随后，张氏家族一直文

窦庄古堡里的"耕读"牌匾

风鼎盛，子孙接连不断入仕为官。因而，在沁河流域有一个十分流行的说法，那就是"金郭壁，银窦庄"，其中"金郭壁"说的是郭壁村人善于经商，富甲一方；而"银窦庄"的意思则是窦庄人为官者不计其数，都是靠拿俸禄吃皇粮为生。

（2）孙氏家族

孙氏家族指的是沁水县湘峪村孙鼎相、孙居相、孙可相及其后人。湘峪村在明清之际产生了7位进士，其中孙居相兄弟就是其中的代表人物。孙氏兄弟的父亲孙辰，曾担任过县令一类的小职。孙氏兄弟四人，分别为居相、可相、鼎相、立相，其中孙居相与孙鼎相在《明史》有传，孙可相也走入仕途，兄弟三人同朝为官；孙立相则留在了村中，在村中开设私塾，从事文化教育。孙居相是明末高官，任过南京御史台御史和兵部、户部、吏部左侍郎，最后升任户部尚书。在任南京御史台御史七年中，弹劾贪官污吏30余人，使京都贪官污吏不敢为非作歹。他任

湘峪古堡前所立的功德牌坊

湘峪古堡训诫匾额

户部尚书时改陋习，除弊端，严格管理水运，每年为国家节约开支500万两左右，充实了国库。他还主持编纂了《恩县志》6卷，至今犹存，是研究明史的重要资料。

（3）柳氏家族

柳氏家族指的是柳宗元以及柳宗元的后裔。唐文学家柳宗元被贬官后，其宗族辗转迁徙，后裔于明永乐年间定居于沁水县城南25公里的山沟土岗上，称西文兴村，后连续四代中举为官，兼经商发迹，兴建了一进十三院的豪华府邸，称"环山居"。柳宗元后裔十分注重文教，府院建筑的创意及文化意蕴都达到了很高水准，不仅题材多样，构图缜密，而且在运用传统吉祥图案喻事

柳氏民居文昌阁

和谐音表现手法方面都令人大开眼界。如以莲花、桂枝表示"连生贵子"，用一根绳子串三个铜钱表示"连中三元"，以五蝙蝠展翅围绕"寿"字表示"五福朝寿"等，类似图案仅"行邀天宠"门楼就有三十多种。柳氏民居中现存字画也有独到之处，除朱熹、王阳明、郑观洛等名人碑刻手迹40多通外，还有唐代著名画家——有"吴带当风"之称的吴道子的墨迹画碑，其《圣人十哲图》取材孔子向十大弟子讲述

柳氏民居中耕读传家的门匾

柳氏因诗文出众而受到明朝宪宗皇帝恩宠，故宅第门楣上悬挂"行邀天宠"门匾

柳氏民居内训诫子孙的教化狮，每一只都有不同的教育意义

尧舜故事的场面，堪称绝世之作，尤其在北方极为罕见，由此我们可以看出，柳氏家族对于文教的重视。

（4）王氏家族

王氏家族指王国光及其后裔。王国光（约1524—1588），字汝观，山西阳城人，明朝政治家。嘉靖二十三年（1544）中进士后，被授为吴江知县，以后又调任仪封，提升为兵部主事，又改吏部，担任文选郎中，屡迁户部右侍郎。隆庆四年（1570），任刑部左侍郎，拜南京刑部尚书，未及上任又改任户部。万历三年（1575），王国光在京官考核中被南京给事、御史所弹劾，上书坚决辞职。万历五年（1577）冬，吏部尚书张瀚被罢免，王国光被起用，代替其职。此后数年，王国光屡遭弹劾，罪名为任人

王氏家族"冢宰第"门匾

天官王府"尚书"题词

《康熙字典》藏本

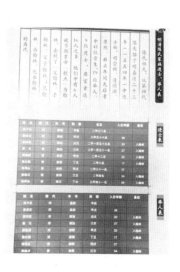

明清时期陈氏家族举人、进士表

唯亲和鬻官黩货、损公肥私等罪状，皇上发怒削其职，但之后不久，又恢复官职。他从嘉靖二十三年中进士起开时入仕，从兵部到户部、从刑部到吏部，几乎各个重要的部门都有过他的足迹，虽然中途有过中断，几起几落，但不可否认他做出了突出贡献，这点不容抹杀。

（5）陈氏家族

陈氏家族指的是"帝师"陈廷敬及其家族。陈廷敬（1638—1712），原名陈敬，字子端，号说岩，晚号午亭山人，阳城县皇城村人，入仕长达53年。他先后任职于礼部、吏部、户部、刑部等重要部门，长期担任侍读、侍讲学士，直至文渊阁大学士。陈廷敬不仅心系社稷，为政清廉，而且极富学者气质。他生平好学，见地深远，文辞渊雅，诗、文、乐皆佳。康熙对陈廷敬有"房姚比雅韵，李杜并诗豪"的评价。乾隆皇帝亲书"德积一门九进士，恩荣三世六翰林"的楹联，对陈廷敬及其家族予以褒

康熙御笔所题"点翰堂"牌匾

相府内彰显陈氏一族卓著功勋的功德牌坊"冢宰总宪"

奖。其中陈廷敬最值得一提的贡献便是主持编著了《康熙字典》。另有50卷《午亭文编》收入《四库全书》，其中诗歌20卷，还有《午亭山人第二集》3卷等作品。由此可见，称陈廷敬为文豪也不足为过。陈氏家族在明清两朝先后有38人做官，遍及全国14个省，历时260多年，没有一个贪官。"才高德厚科甲连登，功多过寡福嗣并赏。"可见陈家承蒙恩宠同重文尚礼、家风严谨有很大的关系。

三、武防：城坚工利　巧夺天工

处于战略要地的沁河流域，自古就是兵家征战之地，经历的大小战役数不胜数。无战之时，这里又多为屯兵之处，马踏营、岳将军寨、唐王寨堡等地名及遗址无言地诉说着这里的战事。至明末时，社会动荡，沁河人开始围村建堡，自卫强族，成功地在数次攻村灭族的战斗中抵御了农民起义军及流寇的侵扰。

沁河多山，村依山势而建，其古堡亦是依山而建，且多位于周边最高之处。城堡虽小，但得益于当地发达的经济、雄厚的财力，建堡时不遗余力，加之当地自然资源丰富，石材、铁矿众多，均是建堡的优质资源，故而所建城堡质优材实。

地势、建筑材料固然重要，但是一旦发生战事，必是敌众我寡，以一村之力抵御汇聚之军，且敌人多集中一点而攻，被攻方则需要四面皆守，对敌情的观察、对防卫的指挥、对兵力的调动成为战事的决定性因素。沁河古堡多以御楼居中，高耸无阻，可观察敌情，指挥防御；城中纵横有序，四通八达，犹如棋盘，城墙之中，内设藏兵洞，一可迷惑敌人，二可快速调动；战事不是一日之事，是日久的消耗、意志的比拼，防御细节是成败的关键，因此藏兵洞内设水井，城墙脚下多备磨盘，已经做好打持久战的准备，有备无患；不过，城堡再坚实也可能被攻破，到时即是你死我活的巷战，真这样的话，这种错综复杂（多以窄巷迂回）、错落有致（过街楼形成立体化作战）的城内布局将成为守卫家族的最后一道屏障。

古堡建成，经历数战，皆战而胜之！

1. 顺势而为　浑如天成

要谈沁河流域的武防，就得说说沁河流域庞大的古堡群。这些古堡分布在沁河流域的地势险要之处，占据了天时地利，在当地抵御农民起义军和流寇的过程中起到了极大的作用，也是建筑史上浓墨重彩的一笔。

六座古堡的信息

项目	修建年代	规模	风水地势	民居特点	城堡的所有人
窦庄（小北京）	窦庄始建于公元前969年，窦庄堡历时九年，于崇祯二年（1629）才告竣。	窦庄城墙高3丈（合10米），墙厚5尺（1.67米），周长1008步（合1680米）。	窦庄古村落，西依榼山，三面环水，整体布局呈"卍"字形。	城内一条石板街，宽5尺，长2008步（合3513.3米），民居墙高巷深，街道小巷都只有约1.5米，宽不容车，院落四大八小，一门通百院，分四部分，互不相通，避免殃及。	张氏家族（张五典、张铨）、王氏、常氏人
湘峪（三都古城）	建于明天启三年（1623），竣工于明崇祯七年（1634）。	城墙2000余米长，25米高，4米宽，总占地面积325公顷。	背山临河，西靠虎山，南山藏龙，北山栖凤，整体呈棋盘状分布。	村中五纵三横的街道均由"丁"字形构成，石磨、石碾、石鼓、石墩等随处可见。街巷两边"四大八小"的双层或高层民宅建筑均为砖木结构。	孙家（孙鼎相、孙居相）
柳氏民居	创建于明嘉靖二十九年（1550），从现存民居建筑形制、风格上看，清代屡有修葺、增建。	建筑坐北朝南，南北长84米，东西宽48米，占地面积4032平方米，总计房屋114间。	出自太行地，北有鹿台（山）蟠回，曰"鹿台挺秀"；南应王屋，曰"行屋拱翠"；东曲陇鳞，下临大涧，曰"三台左抱"；西山隆沃，状似行而复顾，曰"九冈右环"。	为典型的明清城堡式庄园建筑，村南端为外府区、中部区、内府区，为全封闭式。木石建筑工艺精细，四梁八柱、四门八窗，以砖雕、石雕、木雕最为难得和精致。	柳氏家族（柳宗元后裔的一支）
砥洎城（蚯蝈墙）	该城创始年代不详，但从明崇祯十一年（1638）"山城一览"碑碣可知，其创始年代应在明末以前。	城呈椭圆形，砖砌，占地面积约6万平方米。	建筑在一座小山嘴上，其南北接临沁河，三面环水，呈半岛状。	民居共分十大街坊，巷道形成许多丁字街口，且巷深墙高，道路显得尤为狭窄。住宅之间自巷顶架设过街楼相通。房屋呈阁楼式。	原为杨氏所有，后卖与张氏家族（张慎言、张敦仁）、王国光故居

皇城相府（午亭山村）	皇城相府是建于明清时期的官宦宅居建筑群，内城为陈廷敬伯父陈昌言在明崇祯六年（1633），为避战乱而建，外城完工于康熙四十二年（1703）。	内城为陈廷敬伯父陈昌言建于明崇祯六年（1633），东西相距71.5米，南北相距161.75米，设五门，墙头遍设垛口。外城完工于1703年，紧依内城西墙而筑，基本呈正方形，比西城略短。	皇城相府位于华北台地南缘，太行山断裂和中条山断裂交汇处。	皇城相府在建筑形式和艺术手法上无不严格地遵循封建社会等级森严的封建礼制。皇城相府内最为重要的是堡中堡"河山楼"，楼平面呈长方形，长15米，宽10米，高23米，共七层（含地下一层）。楼层间构筑棚板屯贮人员及物资。暗层内有井、碾、磨。楼顶设垛口和堞楼，便于瞭望敌情，抛掷矢口。	陈氏家族（陈廷敬家族）
郭峪（蜂窝城）	现在的郭峪是明崇祯十一年（1638）为了防御流寇和农民起义军而修建的。	城东西窄，南北长，高12米，阔5.3米，城周1400米。郭峪的城墙上开凿有三层六百余眼窑洞，居住与防守功能兼而有之，郭峪城墙因而也被形象地称为"蜂窝城墙"。	城堡临樊溪河岸，是太行山麓一座唐初建造的城堡，依山傍水，城墙雄伟壮观，城头雉堞林立。	豫楼是郭峪的标志性建筑，位于村子中央，建于明崇祯十三年（1640），和郭峪同为防御农民起义军的军事建筑。楼长15米，宽7.5米，高30米，七层建筑。底层墙厚2米，随楼层增高逐级递缩，直至第七层墙厚0.8米。楼内战守器械应有尽有，生活设施一应俱全。登上楼顶，全城内外形势了如指掌，一旦战火燃烧，这里便是堡中堡。	

（1）沁河流域古堡寨大部分处于沁河中游地区

说起沁河流域的古堡群落，不得不说沁河流域所具有的重要军事战略地位。沁河是黄河的重要支流，是山西省内仅次于汾河的黄河支流，而且沁河所在的晋东南地区，地处黄土高原的东南部，夹在太行和太岳两山之间。古人曾感慨"太行居天下脊，吾陵犹居太行之脊"，自古以来留在沁河流域中游地区的战争遗迹甚是繁多。

浑如天成的砥洎城

　　沁河中游古为上党、潞州南部、泽州府等地区，即现在的晋城市沁水县、阳城县及部分晋城市区，这个地区地形错杂，山川沟壑纵横，四周被太行山南麓、太岳、王屋、中条山所环抱，内中多为起伏跌宕的丘陵山麓，只是在东部的沁河支流丹河流域中，由于河流的冲积，在高平至泽州北部之间形成少部分地势缓和之地。山川错综复杂的地貌使得此地风景隽秀，自古为人称道，曰：

　　　　太行山川有极佳者，大率万山中浔一平旷，有水处便立州县泽之，而川之大者曰沁曰丹曰获泽，咸奔赴河济，为渠为浸，灌输民田，地络包孕，气厚势完，绵延中原千里，不绝直上，应东西河汉，灵奇秀拔，随地结脉。

　　山峦围抱的地理格局，虽然与外交通隔绝，但也是一处"世外桃源"。在上古时期，此地气候温和，草木茂盛，适宜居住，所以在石器时代这里就有了人类活动的足迹。在高平北部羊头山地区一直有"炎帝在此培育农作物得嘉禾"之说，《魏书·地形志》中记载："羊头山下有神农泉，北有谷关，即神农得嘉禾处。"羊头山现存有神农城、神农泉、神农井、神农庙、五谷畦、神农洞等许多遗迹。其后此地一直处于尧舜帝管辖所属领域，形成沁河中游古村落最早的雏形。

（2）沁河古堡的自然地理之利

沁河中游地区具有重要军事战略意义。从自然地理方面来说，此地扼守四方，西经太岳山通汾河谷，之后接渭水河川直达陕西秦川；东北在长治市翻越太行山可至燕赵齐鲁；向南接近孟津，俯瞰洛阳开封古城，对于沃野千里的中原可以构成控制之势；北可一直通往晋中塞外边关等地，春秋时在此形成以端氏为主的河防重镇。古太行八陉中就有三处在晋东南翻越太行山后在此交汇，春秋时期成为五霸之一的晋国，都城就位于西北部的临汾运城地区，而沁水、阳城是其东南的重要门户。《战国策》中军事家吴起论述这里地理险要之势时，曾称泽州南天井关为"夫夏桀之国，左天门之钥"。其中所说天门，就是现在的天井关，夏桀统治地也包括晋城地区。

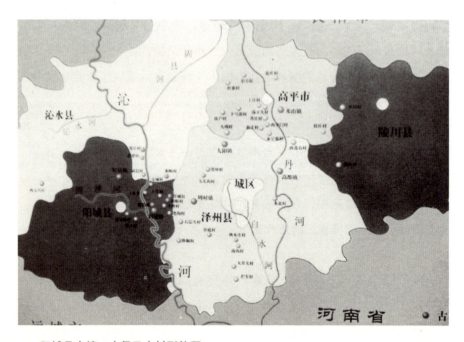

阳城县古镇、古堡及古村形势图

顺势而为的湘峪古堡

沁河中游地理位置的重要性，在历史上各个时期都有所体现。古夏朝在南北翻越太行山南麓和王屋山后形成了南北文化沟通，这是当时人类在地理活动范围内最大的进步；在战国时期长平之战秦国的战略布防中，形成了以屯城、武安、尉迟为主的防御村落；在秦汉到金元时期，长期处于行政变更的边界，多国交战形成了各个据点；三国时期有中庄磐石寨；抗金时期有梁兴兵寨、义城山寨，同时还有为防止战乱形成的一些小的堡寨，如洪上的寨上和城堡；明末大规模农民起义时沁河堡寨逐渐兴起，大部分的防御性村落都形成于此时期。

（3）沁河流域古堡寨的人文之利

沁水、阳城两县，早在春秋战国时期就成为郡县，沁水县端氏镇甚至曾作为后期晋国都城。两县地处王屋山、中条山山脉中，山川交汇，十之八九均为山岭，地势险峻异常，沁河主流在两县东部自北向南贯穿全县。县志上载，沁水、阳城"支分太行之秀，气联王屋之奇，龟蛇呈形，金水结聚，群山环拱，众壑潆洄，地险出于天成，胜概收其精气"，这充分说明了此处地势的险要。这种险要地势和俊秀的自然环境孕育出传统的村落文化，山川的合围为村落提供了保护屏障，沁河水的存在使当地形成了湿润温和的气候环境，并在山川中冲积形成一系列的河谷河滩，带来肥沃的冲积土，以及一条沟通南北的沁河谷天然交通要道，为村民提供了最基本的生活生存保障。

自然条件因素对生存环境的影响是村落的选址营建需要优先考虑的，除此之外，人的社会活动以及历史原因是村落形成的本源。人的大量聚集

借天然之势，行防御之实

是村落发展衍生的基础，人们在选址营建过程中要综合考虑其地理自然环境生存条件，以及自然所形成的社会安全和心理安全屏障，三者在不同的环境中各有所偏重。沁河中游的地理交通位置使得它成为一处重要的交通和国家安全防御线路，进而决定了会产生大量以交通和防御功能为主的村落、村寨。

在此地域历史上第一次大规模村寨营建活动事件始于战国中晚期的秦赵长平之战，历史上各史书对这段震惊中外的战役都有所记载。长平之战前后长达十二年，其主要作战时间三年，双方共投入兵力超过百万，主战场在以今长治长平村为中心的丹河两岸南北30余千米、东西10余千米的地区，战争波及范围几乎囊括整个沁河流域，其规模之大、波及范围之广堪称世界之最。靳生禾、谢鸿喜等人在对此古战场进行考察之后，推演当时历史情形大致是：双方在三年征战对峙时期，除了主战场之外各自设置三道防线，在防线之上大规模设置屯堡、兵寨等各类军事设施，这些屯堡以后发展形成了本地大规模村落。其中秦军一条重要的沁河后卫防线，是秦

"取上党"、"拔野王郡"之后，以端氏城为中心沿河设防的沁河线，由西北迤东南40余千米，端氏以北依次有孔壁、郎壁、王离城、大将、运粮滩、马沟等村镇，端氏以南有秦河、秦庄（秦村）、武安、屯城等，周边山岭重叠，地势复杂，将防线设置于沁河河床谷道内既便于大部队运动，又有充足的河水可供人马饮用。推算秦投入总兵力约百万，沁河防线端氏至润城这一线至少有数万军队，在如此小的范围内安置如此多的军队，自南向北驻扎营建，形成一系列密集的堡寨防御战线。

在此后，由于有沁河中游地区周围群山的屏障保护，大规模战争数量较少，但是其防御和屯兵驻守的作用却更加重要，主要因为南部翻过王屋山、太行山之后就是洛阳、开封等历史上曾作为都城的重要城市，因此沁河流域是中原开阔地区北部重要的驻防战线。北宋初年宋太祖北征、末年太行山抗金，都衍生了很多的村寨，尤其是到了明末清初，大量农民起义战争发生，农民军数次经过此地，各村落不堪其扰，纷纷修建了堡寨用于自卫，形成了沁河堡寨。

（4）沁河流域古堡寨的设想分类

本文认为，从古堡寨的用途和修建者来划分，沁河堡寨可大致分为国家防御遗址（作用于战争或是守边戍边，治理寇匪等）、村落防御遗址（只用于当地村落防御）、家族防御建筑（守护自家的财产，一般针对较为有权势的人）等三部分。

国家防御遗址包括秦赵长平之战遗址、天井关、孟良寨、大口隘、小口隘、柳树隘、卧牛山、燕丹砦、马踏营、马邑城、焦赞城、碗子城、岳将军寨、盘石长城、司马懿藏兵洞、梁兴兵寨、马牢关、碾子谷、武安城、王离城、忠义社砦子、南阳、营盘、固镇宅、宇峻古长城、老寨堡、大寨堡、永兴寨堡、唐王寨堡、永宁堡等，这些都是在古时候为镇压起义军而设，要么是春秋战国时期的战场，作用都是国家防御。

村落防御遗址包括中道庄、王村堡、下孔堡、北留堡、屯城堡（同阁）、上佛堡、润城堡、刘善堡、王曲堡、美泉堡、北安阳堡、中寨、马寨、上孔寨、下伏刘家寨、上伏古寨遗址、望川寨、羊肠坂、张路口隘、星轺驿、武靳关、武安寨、燕丹寨、王寨、马邑寨、南阳寨、丹坪寨、寨坪、北寨、寨圪塔、沁水寨等，这些都是各朝代战争时期当地村落建立的堡寨，是为了确保当地人的安全或是控制军事险要的关隘。

家族防御建筑有详细记载和比较有文化内涵的是：崇祯皇帝钦赐牌匾"燕桂传芳"的"夫人城"窦庄古堡；"四部首司，三世少宰"孙居相、孙鼎相两兄弟的故居"三都古城"湘峪古堡；清帝师陈廷敬的故居晋城皇城相府；明代著名的政治家王国光归隐的上庄村古村落；清朝著名数学家张敦仁的阳城屯城村砥洎城；被称为"柳柳州"、"柳河东"的大诗人柳宗元后裔分支避难所处的柳氏民居；"蒷山先生"张慎言所在的阳城屯城村同阁等。

由于本书目的是研究沁河古堡寨在当时的防御作用，所以选取了一些比较有故事和有详细记载的古堡寨。而且在家族防御这方面，这些古堡或古建筑都是为了抵御敌人或是保护财产而主动建造的，是当时的经济水平、文化水平、建造技术等等的具体体现和遗留，非常具有研究价值。

2. 就地取材 巧夺天工

沁河流域古村古堡的建成，可谓巧夺天工，完全取材于当地的有利条件，并没有像万里长城那样劳民伤财，更没有像阿房宫那样华而不实，有的只是当地居民保护村落不受入侵，保护个人财产不受抢夺的实用性。保存完好的湘峪古堡、窦庄古堡、皇城相府等都是活生生的案例。

六座古堡的位置材质等的比较

	城堡主体材质（城墙、民居）	地理位置	当时当地的主体经济
窦庄古城	底座条石，青砖主体，民居多为青砖建成，部分民居中西结合，以鹅卵石铺地	西依榼山，三面环水	农业、入仕、经商

湘峪古堡	底座条石，青砖主体，民居多采用青砖，有女墙，街道用磨盘、条石和青石	背山面水	入仕、煤铁资源开发
柳氏民居	底座条石，青砖主体，民居为青砖，主街道为青石，没有高大城墙	群山环抱	农业、入仕、经商
砥洎城	底座条石，坩埚主体，铜墙铁壁，民居为青砖居多，街道为青石和青砖	三面环水	炼铁、煤矿
皇城相府	底座条石，青砖主体，街道青石为主，民居以青砖为主	四面环山	入仕、煤矿、炼铁、经商
郭峪古城	底座条石，砖墙主体，街道以青砖为主，辅以青石	依山而建	经商

注：表中的文字整理于当地的考察和一些相关资料，可能会有偏差。

所以总的来说，本文认为沁河流域古堡能够修建和保存的下来原因有以下几点：

（1）雄厚的经济支撑

沁河流域是山西经济繁盛地区，明清时期，晋商财力雄厚，丝绸业、丰富的煤铁资源成就了当地发达的经济，潞商个个富甲天下，又为人豪爽，待人真诚，雇了大量的拳师看家护院，为大规模的村落营造活动奠定了坚实的经济基础。加之晋城地区重视科举，教育抓得好，有很多为官入仕的才子举人，这些人光耀门楣以后，为保护自家老小和财产安全，不惜耗费大量财力主持或筹措修建沁河古堡。所以在明清农民起义猖獗、社会动乱的时候，沁河流域一带就形成了大量的古村落和古堡寨。

（2）古堡的建成依附于当地有利的地理和材料优势

首先，就地理特点来说，沁河流域古村落主要分布在晋城市沁水河及支流的两岸，防御性强是这一带村落建造的主要特点。其村落多建造在较为平缓的地带，村落中建筑有堡墙、高层堡楼（河山楼、豫楼）。布局形式受选址、气候、植被、地貌等的影响。在选址方面，沁水流域的古村形成及分布主要是因为沁水一带在历史上煤铁资源非常丰富，资源的趋向性促进了村落和古堡寨的发展；在气候上，沁水流域古村落地处晋东南地区，这一带为冷暖半湿润地区，雨量充沛，湿度大，当地居民主要建造独院式几进四合院，一般为二至三层阁楼式建筑，屋顶为厚坡顶板瓦屋面，以利于排水。有的在一层、二层设有通廊柱，有的在二层设木挑廊，以防雨水。此地楼阁式建筑很好地适应了当地雨多、潮湿的气候特征；此外，山西省整体地质地貌、植被分布对村落建筑也有很大影响：沁水流域和汾河流域的砖石窑洞居多是因为这些区域有大量的石质岩层，植被和树种丰富，这为建造砖石窑洞和木构架房屋提供了基本原料。而且山西是高地震区，晋南的木构架建筑也具有很好的抗震性能。

根据建筑学布局形式和特征等进行分类，沁河流域的古堡寨又可以从内部特征和人文要素两方面来分析。其中内部特征包括路径、建筑肌理、空间布局、边界、节点和中心点。

当地的古堡寨内部结构特征可以概括为以下几个方面。路径方面：这个区域村落常采用丁字形或之字形，在街道交叉处建造较为高大的建筑，使之不能一眼望穿。同时，这种街道形式被赋予"人丁兴旺"的喻义，表达了村民希望村子发展兴旺、家族繁荣发展的美好愿望；建筑肌理方面：建筑讲究礼教的规范布局，院落整体较为严整。另外，这个地区的建筑都比较高大，两层以上楼阁式建筑比较普遍，这样的建筑形式很好地适应了晋东南当地雨水多、潮湿气候之特征；空间布局方面：村落的各个区域划分比较严明，有些村子常根据各个势力范围的强弱程度划分村子空间，如皇城相府和窦庄的内外城之分；边界方面：这个区域在历史上多有战乱发生，由此人们的防御性较强，村子的外围往往都建有堡墙围合；节点和中心点方面：村子内的公共活动空间和庙宇较多，晋东南地区四季气候差异较大，容易发生自然灾害，在没有科学技术作为指导的年代，人们只能求神灵帮助，于是村子内或周围就有许多庙宇的存在，这种现象客观地反映了古代村落百姓的实际需要和精神寄托。

（3）人文要素的影响

古堡寨的建成不光受自然环境和地理的影响，在沁河流域晋城段自古以来就有重视文化教养学习的传统，更为堡寨的建成增添了人文要素。当地村落的布局与选址，一般都遵从中国传统哲学"天人合一"的思想，强调人与自然、人与人的和谐统一，力求顺应自然，利用自然，点缀自然，重视"田园山水"和"耕读入仕"。

关于人文要素，沁河流域古堡寨中体现得十分鲜明和具有特色，在山西的民居文化中也是独树一帜。

在人文要素中，最明显的是贯穿当地人心中的"落叶归根，衣锦还乡"的思想。明清晋商富甲天下，沁水、阳城两县又是官宦大县，很多举人进士都入朝为官，这些人往往要在自己的家乡建造庭院，出于两方面的原因：一方面受"落叶归根"的传统意识的影响，他们认为"宅者，人之本。人者，以宅为家，居若安，即家代昌盛"，故而历代重视宅院的修建。另一方面，晋商有一条族规，就是在外经商不得携带眷属，也不得在外纳妾和在外落籍。因此，在明代以后，各地区就有不少大院建筑形成。

人文要素中民居文化也有所体现。山西省的传统民居文化内涵丰富，这些民居是古老文化在物质与精神方面综合的产物，这里的民居类型主要有窑洞、木构架平房、阁楼、瓦房、楼房、石板房等，平面布局有一字形联排式、四合院和三合院。民居建筑的主要材料有木材、石料、砖瓦、灰、沙土等。受世代传统的影响，一般的院落建筑都坐北朝南。长辈住院落中间，左右为厢房及耳房，分别归长子和次子居住。下方和倒座，为佣人居住或做储物用途。

在沁河流域的人文要素中，建筑主要受到建筑规制的影响。古代的分封制度及王府建筑的规制对后来的民居特别是晋中、晋南的民居有较大的影响。这个时期的官制建筑除布局上显示地位和权力外，在尺度上与民宅有较大的区别。清代的民居群布局大部分是以单座建筑组成各种形式的庭院，再以庭院为基本单元构成各种类型的建筑组群。不论是四合院式或者廊院式，大多采用对称均衡的手法进行规划，这就形成了明显的轴线，呈"日"字或"目"字形，并向纵深方向发展。一般住宅包括正房、厢房、倒座、大门、垂花门、照壁等，由此构成一系列院落空间，正房一般位于宅基的最后。

在沁河流域的村落中关帝庙等建筑盛行。在对山西省各个村落的调研中能够看出，庙宇类建筑在北方村落中起重要作用，对神灵的崇拜一方面说明封建社会人民对"天灾人祸"不能自行驱除，只得求助于"无所不能"的神的趋吉意识；另一方面也表明村民对居住生活地的肯定和热切希望。如建造关帝庙，在古代关羽是伏魔大帝，有了关帝庙就"百无禁忌"，可以安心居住。

在人文要素中体现最明显的外部特征如下：

首先，许多村落有城池的感觉。在整个山西省以"堡"和"城"命名的村落比较多，如汾河流域古村落张壁村，黄河流域古村落新、旧广武城，沁水流域古村落郭峪村等，这是由于山西省是北方游牧民族与中原农耕文化交融和争战的主要通道，在多年的战争中，许多村落有了自我保护的意识，纷纷修建城墙，所以许多村子用"村"来命名却有城池的感觉。如沁水流域的郭峪村，据有关专家认定，郭峪村城墙高度比北京故宫城墙高出一米多，这在等级森严的封建社会实在是冒天下之大不韪。在这样的历史条件下，除了晋商大院，山西许多村落给人以气势恢宏而细腻不足的特点，这是一个地域文化风貌和历史的综合体现。

其次，具体到建筑材料方面，拿砥洎城来说，如此多的坩埚从哪儿来呢？原来在润城周边自古冶铁业就比较发达，尤其到了明清时期，当地冶炼业发展达到了一个高峰，出现了一大批富商巨贾，他们把冶铁业带来的财富构筑成城堡，把冶铁废弃的坩埚用做构筑城堡的主要建筑材料。在当时，对砥洎城的人来说，铁渣和坩埚这两种材料既坚固耐久又属于就地取材，成本低廉。其实在华北的一些地区，也有用瓮彻垒院墙或窑洞的做法，而在隔河相望的刘善村，又可以看到许多以坩埚为主要建筑材料的明代民居。

另外，由于濒临沁河和大山，条石、方石、鹅卵石以及青砖的原型土坯都是很好的建筑材料，在各个古堡中，到处可见以条石、鹅卵石为基底、以青砖为主体的城墙、院落、堡楼等等，可见劳动人民并没有费很大的力气去其他地区寻找建筑材料，而是就地取材。这种沁河古堡建造取材方法使得古堡雄伟却透着细腻，厚重而不失灵动。

再次，当地闭塞的地形使得古村落古堡群得以留存。

沁河中游地区自古为人所称道，故曰：

> 太行山川有极佳者，大率万山中浔一平旷，有水处便立州县泽之，而川之大者曰沁曰丹曰获泽，咸奔赴河济，为渠为浸，灌输民田，地络包孕，气厚势完，绵延中原千里，不绝直上，应东西河汉，灵奇秀拔，随地结脉。

山峦围抱的地理格局，虽然造成了与外交通隔绝不便，但也是一处"世外桃源"，这个在第一节已经谈到，在这里不再赘述。

总之，上述三大方面因素促进了沁河流域古村古堡群的形成并使之得以保留至今，所用的一切资源都是就地取材，可谓经济环保，正适应现今社会的发展方向，古人的智慧由此可见一斑。

3. 麻雀虽小　五脏俱全

虽然说沁河流域的古村落古堡群没有紫禁城皇宫那样大气磅礴，端庄秀丽，但也是小家碧玉，五脏俱全，不显得拘谨小气。且不说闻名内外的皇城相府有多么的精细考究，院落此起彼伏，层层叠叠，错落有致，单是郭峪村、润城村砥泊城、湘峪村、窦庄村、郭南村、郭北村、西文兴村柳氏民居几处全国重点文物保护单位及市级文物保护单位上庄村，就值得一说，每一个都布局精细，真可谓"麻雀虽小，五脏俱全"。

六座城堡的细节列举

	窦庄	湘峪	柳氏民居	砥洎城	皇城相府	郭峪
炮台、垛口	有垛口	两者都有	只有垛口	两者都有	两者都有	只有垛口
藏兵洞	无	串联式、走廊式	无	无	类似窑洞	无
防御用的水井、石磨	堡楼上有	在城墙内就有	民居用	在青缃里、三槐里等地多见	河山楼内	豫楼内
串串院	四大八小	四大八小	无	四合院	四大八小	四合院
丁字街	有	有	无	有	有	有
拐弯抹角	无	有	无	有	有	有
地道、地牢	地牢、公堂、藏金库	地道直通帅府院	无	地道、水牢	地道四通八达，无地牢	有地道
过街楼	有	有	无	有	有	有
人文	张五典、张铨、霍夫人，原禹窦家后属张家所有	孙居相、孙鼎相的故居	柳宗元后裔的一支	王国光、张慎言、张敦仁、延君寿的故乡，原属杨家后属张家所有	陈廷敬的故居	陈氏家族
瓮城	有	有	无	有	有	有

注：表中的数据来源于当地的考察和一些相关资料，可能会有偏差。

（1）首先，从沁河流域古村落古堡群的一些细微之处说起

第一，城门。沁河流域的古堡在城门上都建有很多的防御性设施，使得村落更像一座城堡。在这些城堡的城墙上，大都有垛口用来瞭望敌情或作为炮台的安放点。让人印象最深刻的就是三面环水的砥洎城，在正面的城墙上有三个炮台的架设点，加之岛形的地势，使得城堡固若金汤。另外，在城门或是民居的大门的细节方面，最具有经典防御特征的要数柳氏民居，其在保存完好的内府门上有明暗共十二道门闩，巧妙的设置使得民居像小城堡一样，防暴防盗功能突出。再如皇城相府的铁皮门，在门上包裹厚厚的一层铁皮，能防止火烧刀砍。类似的情况在天官王府也有。

第二，进入古城堡后的瓮城。进城门之后有个回转，另设一道内门，当正前门失守时，敌军进入瓮城，内门会关闭，就像是将敌军关于一口大瓮之中。高高的城墙加上紧闭的内门，很容易让人想起"关门打狗"这一说法，很具有实际意义。郭峪古城、湘峪古堡和砥洎城的瓮城都保存完好，尤其是湘峪古堡和郭峪古城的瓮城，两侧城墙更高，城门与内门也更高大，防御作用更强，进城门后的曲折回环很容易让敌军丧失战斗意志。

柳氏民居具有十二道明暗门闩的门

第三，在城墙上自给自足。在湘峪、郭峪、砥洎城、皇城相府、窦庄等高大的城墙内部都设施齐全，设计有城内排水系统的出口，尤其是城墙内有藏兵洞，这是沁河流域的古堡比较有特色的一个设置。做成窑洞状的藏兵洞，宽2米，纵深3米，在藏兵洞内水井、石磨、兵器、地道一应俱全。在湘峪古城，藏兵洞还分串珠式和走廊式藏兵洞，二者相互呼应，方便士兵的调动和指挥。在走廊里还有火把插口，即便是白天，在城外也只能看见黑魆魆的藏兵洞口，看不清里面的情况，而在晚上，城墙内有专门设置的火把插口，通过专门的角

郭峪古城的西城门"瓮城"

湘峪古城插火把处和水井所在位置

拐弯抹角示意图

度，城内能看见城外，而城外看不见城内。

第四，丁字形的街口和棋盘形的三纵五横的街道设置遵循八卦方位。在湘峪古城流传至今的娶亲民俗中，新娘都从开门进，生门出，而且不能回头走重复路线，丧葬时从死门出城。另外，沁河流域的城堡内部的街道都是有讲究的，进入城池以后一般都是狭长的街道，在这里车马不得回头，行人处在约6米高的墙围间，只能感叹自己的渺小。进入巷道以后只有1.5米左右的宽度，各种兵器都不能很好地施展，在这样的巷道中，两排以上的士兵无法行进，真可谓一夫当关，万夫莫开。在岔路口，沁水流域的古堡都采用丁字形，街巷错杂弯曲，很容易迷路；在拐弯处，尖锐的墙角都抹平了，即所谓"拐弯抹角"。这样的建筑在防御中的作用十分明显，能在观察到敌方的同时不被敌人发现。

第五，在过街楼方面的异同。窦庄古堡采用的是网格状的观察口，在湘峪、郭峪古堡采用的却是圆形的十字窗口；相对于地面的高度，只有窦庄的比较低，其他的离地约2.5米左右，能使居民更好地逃跑或是防御。

第六，在民居建设中，这些古堡都有这样的说法："一门通百院。"

窦庄古堡的过街楼

用于相互连通的小门"串串院"

在窦庄古堡，其"串串院"最为明显，呈"四大八小"的建筑格局，在四合院的基础上在东南、西北、东北、西南四个角上又各自设有两个小门通往其他院子，在柳氏民居的进门处还设有陷阱，房顶有铁丝网一座用于防御。沁河古堡的民居建筑多为两层，楼上用以储藏或是居住，门窗、屋檐、门柱等地方多是雕梁画栋。在现今有人居住的院落中，各小角落里的小门已被封死，失去了往日"一门通百院"壮观景象。

第七，地道和水牢。除去柳氏民居暂未发现地道以外，所有的古堡都现存地道若干，这样在发生战事时，便于乡民从地道逃生，或是从地道运兵配合地面队伍夹击敌人。在三面环水的砥洎城还修有水牢，用于关押犯罪的犯人；在窦庄修建有地牢，也是为关押犯人而用。所有的这些地牢，地道都十分隐蔽、安全和干燥，除了在抗日战争时期被日本人用烟幕弹和瓦斯灌过以外，在农民军攻城时都发挥了重大的作用。

（2）在不同城堡中各具特色的建筑

第一，湘峪古城的帅府院。

帅府院负责安全防御和调兵管理，设有金银财物密室和文库，与藏

湘峪古城帅府院

兵洞地道相通。在帅府院二楼西南开有三个大方窗，其中一间是"指挥所"，另外两间为"参谋部"。大方窗正对南山上的孙家台（烽火台），主帅院比较隐蔽简朴，左右有通道相夹，夹墙之间还藏有金库，建有档册库，内藏征粮收税的档案。大门有"其旋元吉"的木质牌匾。村外南北山头建有小寨烽火台，在帅府院内有人日夜放哨，与南北两台用旗语联系。

第二，窦庄古堡的古公堂和藏宝阁。

其藏宝房建造更为独特，该建筑为贾氏储藏珍贵物品之所，在选址和设计上周全缜密，建造上独具匠心。此建筑独处一所，周围不与任何建筑相连，而且筑体光滑，以防贼人攀房入室。结构设计为地上两层，地下暗室一层，而出入口与室内地板看上去像是一体，隐不可辨。整体基础采用巨石构筑，墙体为青砖实砌，白灰灌缝，墙体厚五尺，建筑为"丁字形"，窑洞相互支撑，无梁无檩，无易燃建材，真可谓苦心之作。

古公堂，右侧为藏宝阁

第三，砥洎城的坩埚墙。

砥洎城内城墙主体主要用料为坩埚，并以炼铁渣和石灰调浆，将5米宽的城墙一层层用铁渣和石灰碾铺好后，用坩埚烧好的铁水浇充，冷却后形成无缝的铁质墙体，然后再一层层铺碾。这样的墙体不但防水、防蚀，更重要的是能防破坏和防枪击。用坩埚造出的城墙，坚韧程度胜过今天的混凝土，实属筑城史上的特例。

第四，皇城相府

坩埚墙上

主墙坩埚墙

的河山楼。

河山楼位于内城北部。河山楼名取"河山为固"之意，建于明崇祯五年（1632），当时正值明末战乱风起云涌之时。为抵御流寇侵扰，由陈家昌言、陈昌期、陈昌齐三兄弟合力建造，高三十多米，是皇城相府中最高的建筑。楼平面呈长方形，长15米，宽10米，高23米，共七层（含地下一层）。楼外墙体整齐划一，内部则逐层递减。整个河山楼只在南向辟一拱门，门设两道，为防火计，外门为石门，门后施以杠栓。楼层间构筑棚板屯储人员物资。

河山楼三层以上才设有窗户，进入堡垒的石门高悬于二层之上，通过吊桥与地面相通。河山楼楼顶建有垛口和堞楼，便于瞭望敌情，保卫城堡。河山楼内还储备有大量粮食，以应付可能出现的长期围困。

河山楼建于公元1632年，工程尚未完工，流寇不期而至，陈氏家族及附近村民八百余人入楼避难。流寇久攻不下，扬言要日夜封锁并采取火攻，楼内村民将井水从楼顶泼下，以显示准备充分，不惧围困，流寇知难而退，撤兵离去。此后十个月里，流寇又先后三次进犯，依靠河山楼的庇护而逃过兵灾的村民多达数千人次，河山楼又名"风月楼"。

第五，郭峪古城的豫楼。

豫楼位于村子中央，建于明崇祯十三年（1640），和郭峪城同为"防御"陕西农民军的军事建筑。楼长15米，宽7.5米，高30米，七层构成。底层墙厚2米，每

河山楼

递高一层，墙递缩0.15米，直至第七层，墙厚0.8米。第一层为暗层，系单孔砖拱窑而成，内置有石碾、石磨、水井、暗洞，通过石门进入暗道，暗道由砖拱成，分两条，都可直通城外；第二层由5孔砖窑构成，朝东正中门额上镶有王珩于明崇祯十三年（1640）所题"豫楼"二字，有炮眼4个；三层以上，均为梁檩木板盖顶；五层西墙正中，镶有墙碑一块，上有《焕宇变中自记》碑文；六层西墙正中也镶有墙碑一块，上有《焕宇重修豫楼记》碑文；七层之上四周为砖堞；砖堞之上，又起檐封顶。楼顶四角，挂有四个

郭峪古城的豫楼

钟铃，经年累月在风中叮咚作响。总体看来，豫楼的军事元素更加强于民居特色。

第六，柳氏民居的八只石狮子。

由于年代久远，石材已风化疏松，但石牌坊下的八头石狮却还活灵活现。这八头石狮被称为"教化狮"，意为古代知识分子从求学到仕途的八个人生历程。丹桂传芳牌坊下的第一尊石狮叫"翘尾巴狮"，它嘴上拴着绳索，尾巴向上翘着，表现了文人的傲慢清高。用绳索拴住狮嘴，是告诫柳氏族人，话到嘴边留半句，以防祸从口出。第二尊石狮叫"老实狮"，狮子的尾巴藏在了两腿之间，这是在告诫族人要懂得夹着尾巴做人。第三尊石狮叫"安分守己狮"。狮脚下有两个小狮子，肚子下面有一个大圆球，意在教育族人要安安分分过日子，坚守规矩。第四尊石狮脚下踩着一个探出头来的小狮子，怀里还有一个低着头的小狮子，意在激励族人"出人头地"。青云接武牌坊下的第一尊石狮叫"金榜题名狮"，狮胸前戴了一朵花，表示已经高中进士。第二尊石狮叫"寻求靠山狮"，狮身紧靠石柱，意思是说高中进士后仍然要寻求靠山，以便于日后发展。第三尊石狮的前腿直直站立，身子向上仰起，狮身下卧着一个凤头、鹿尾、狮身的小狮子，意为"坐享俸禄"。第四尊石狮叫"宦海沉浮狮"，狮脖上的一圈毛酷似内方外圆的古钱，意在告诫柳氏后人，官场变化莫测，要外圆内方才能生存。

四、武庙：神灵保佑　关公护村

关公崇拜是中华传统文化的一个主要组成部分。与文圣人孔夫子齐名、被誉为武圣人的关公身上，凝聚了中国传统文化的伦理、道德、理想，包含了中国传统文化的忠、义、信、智、仁、勇，是中国儒文化和侠文化共同推崇的万能之神。

武圣关帝，以武为长。时时处于战事边缘的沁河人，心中最为不安的就是那份安全感。因此，对关公的崇拜更为虔诚。加之沁河流域与关公故乡不过数百里，基本属于本乡本土，因此，沁河流域可以说是村村都有关帝庙，家家都供奉关帝像。

每当庙会、关公生辰等日子，全村老幼齐聚关帝庙，拜关帝，乞神佑。

1. 关公武圣　誉满全球

关帝庙是为了供奉三国时期蜀国的大将关羽而兴建的庙宇。关帝庙是中华传统文化的一个主要组成部分，与人们的生活息息相关，在古代，一座关帝圣殿，就是那方水土的民风民俗的展示；一尊关公圣像，反映了千万民众对安全诉求。

湘峪关帝像

民间是关公崇拜形成的源头、成长的土壤、发展的基础。明代徐渭《蜀汉关侯祠记》说："蜀汉前将军关侯之神，与吾孔子之道，并行于天下，然祠孔子者止郡县而已，而后侯则居九州之广，上自都城，下至墟落，虽烟火数家，亦靡不聚金构祠,肖像以临。"关庙之多超过孔庙,可以说在中华大地上有烟火处便有关羽的崇拜者。 民间大众的关公崇拜,一方面是崇敬关公人格,把关公的优秀品德作为自己立身处世的榜样和处理人际关系的准则。关公亡命涿郡前的"仗义行侠"、桃园结义后对刘备的忠诚、华容道释曹时的义气、威震华夏的神勇等,正是平民百姓所追求的英雄人物的优秀品质。另一方面是企盼关公护国佑民,带来风调雨顺的丰收年景,保佑大家过上安宁的日子,保佑每一个家庭平安和顺。在以自给自足的自然经济为主的古代社会中,平民百姓对现实生活和未来命运有着美好的期盼和向往,但是,实际地位的低下和对不公际遇的无奈与愤懑,使他们产生借助外来的精神力量改变现实、改变命运的心理需求。主持正义、惩恶佑善、法力无边的关公之神便成为民众尊奉祈祷的对象。这样,关公就自然地受到百姓的爱戴和尊敬,并逐步走上大众顶礼膜拜的神坛。

民间大众的关公崇拜,见于文字记载的,主要有三个方面:一是民间传说故事对关羽的神化;二是民间集资修建关庙的增多;三是以祭祀关帝为发端逐步演变为关公庙会等民俗。

隋唐之时,民间的关公崇拜逐渐活跃起来。民间传说中关公日益突出,而不再与其他三国人物相提并论。唐段成式《酉阳杂俎》记有这样一则传说:"武宗之元年,戎州水涨,浮木塞江。刺史赵士宗召水军接木,约获百余段。公署卑小,地窄不敷用,因并修开元寺。后月余日,有夷人逢一人如猴,著故青衣,亦不辨何制,云关将军差来采木,今被次州接去,不知为计,要需明年却来取。夷人说于州人。至二年七月,天欲曙,忽暴水至。州城临江枕山,每大水犹去州五十余丈。其时水高百丈,水头漂二千余人。州基地有陷深十余丈,大石如三间屋者,堆积于州基。水黑而腥,至晚方落,知州官虞藏玘及官吏才及船投岸。旬月后,旧州地方干,除大石外,更无一物。惟开元寺玄宗真容阁去本处十余步,卓立沙上,其他铁石像,无一存者。"关公派一猴人来采木,运木的方式则是依靠洪水波涛,这使"关将军"已经有了一定的神秘色彩。通过平民百姓的口碑传颂,英雄故事逐渐演绎为带有神秘色彩的民间传说,流传至今的大量关公传说就有"南海龙王转世"、"关羽借雨"等。

宋元时期，民间的崇关之风进一步发展。其一，关公的民间神话传说增多，如"李若水受关公显灵赴靖康之难"、"关公神方疗疮"、"关公转世岳飞"等等。其二，在城市经济迅速发展的带动下，市井俗文学勃兴。"说三分"、戏曲、皮影等艺人们在搜罗采集正史、民间传说的基础上，创作了许多三国艺术作品，使关公英雄故事在市民阶层广为传诵，关公的忠义神勇引发了人们更为广泛和强烈的共鸣。张耒《明道杂志》记载："京师有富家子，少孤，专财，群无赖百方诱导之，而此子甚好看弄影戏，每弄至斩关羽，辄为之泣下，嘱弄者且缓之。"这段故事生动地反映了当时人们对关公的敬重和情感上的认同。著名话本《三国志平话》的出现，使关公系列故事和关公艺术形象基本成型，加之元杂剧的进一步烘托、渲染，关公在大众心目中日益成为忠义绝伦、神勇无敌的楷模和典范，极大地推动了民间对关公的敬仰和尊崇。其三，民间祭祀更加广泛，且逐步习俗化。宋元时代，关庙的大量出现给平民百姓提供了祭祀的方便。《宋会要辑稿·礼二十》在记载当阳汉寿亭侯祠时说："邑民疫疠，必祷寺僧以给食。"百姓出于对关公的崇敬，也开始捐资建关庙。金大定十七年（1177），解州乡民王兴捐资修葺常平家庙的关王祖塔；元大德十年（1306），洪洞县乡民苏汉臣募资创建关王庙；延祐中，大同县商贾立关公祠于丁字街。当时，祭关公的日期逐渐固定下来，祭祀礼仪也十分隆重。郝经《汉义勇武安王庙碑》记曰："夏五月十三日，秋九月十有三日，则大为祈赛，整仗盛仪，旌甲旗鼓，长刀赤骥，俨如王生。"这充分印证了这一情况。

明清时期，由于皇家的推崇、宗教的宣传、商人的参与、文学艺术的渲染，民间对关公的崇拜也达到高潮。关公的神话传说层出不穷，仅明清时《解梁关帝志》就收录有建玉泉、破蚩尤、勉忠良、救水厄、恤贞孝、佑忠义、全仙游城、显圣杀寇、关夫子讲学等传说。民间崇拜更加广泛，如方孝孺《关王庙碑》所云："古之享天下万世祀者，必有盛德大烈被乎人人。其或功盖一时，名震一国，祀事止于其乡，而不能及乎远。

惟汉将关侯云长……穷荒远裔，小民稚子，皆知尊其名，畏其威，怀其烈。"关公在民众心目中成为无所不能的神灵，以至于抗御水旱、消弭战乱、科考举士、求取功名、官司诉讼、打卦算命、习武练功等等都求助于"关圣"；惩恶扬善、扶危济困、打抱不平、伸张正义等，也求"关圣"庇佑，以求如愿以偿。全国许多乡村，每遇干旱，往往求助于皇帝、龙王和关帝，这种"乡俗"甚至影响到了官员和皇帝。据《清文宗实录》载：咸丰四年（1854）五月，因京师"入夏以来，尚未得雨"，十九日，咸丰帝亲到天坛和关帝庙上香行礼祈雨，"即于是日酉刻，浓云密布，雷电交作，甘澍滂沱"。

明清时期，由于皇家的大力倡导，全国普遍兴建了关庙，其中省府州县关庙主要为官修或官修民助，而乡镇村关庙多为民间集资修筑。这方面的事例在各地的方志中都有记载，不胜枚举。与此同时，各地为祭祀关公举行的关帝庙会逐渐增多，且日益隆重。庙会除了迎祭祀神祇外，还进行名目繁多、种类庞杂的曲艺表演和商货交易。

民间自发的、家庭式的关公崇拜更为普及，明代大儒李贽《关公告文》中写道："盖至于今日，虽男妇老少，有识无识，无不拜公之像……"如今山西沁河流域的乡（镇）、村都曾建有关庙，无论繁华都市还是穷乡僻壤，无论雄峻险拔的山区还是广袤无垠的平田，仍沿袭了奉关公像、祭拜关公的习俗。

2. 武护财护　全能之神

从唐代起，关公开始享受国家祀典。唐王朝在"安史之乱"的冲击下，在国家濒临分裂割据边缘的背景下，欲借用历代名将威力和影响，激励将士英勇杀敌，尽忠保国。关公因"忠勇绝伦"被列入武成王姜子牙的从祀之列，进而有了"武圣"之说。

在宋代历朝帝王的心中，关公的地位虽未达到其后历代的水准，但从其封号中即可看出，关公由侯而公，由公而王，祭祀的地位逐步呈上升之势。宋代帝王推崇关公，一方面是由于关公在民间和宗教界，尤其是道教中影响越来越大，欲假借关公之神灵佑国家之安宁；另一方面是因为辽金的存在对宋王朝构成了巨大的军事威胁，宋统治者企图用关公给的忠义勇武鼓舞和激励军队士气。偏安一隅的南宋，国土沦丧，积贫积弱，朝野不宁，他们几度给关公晋封加爵，一方面是作为自己的精神支柱，另一方面在军事上鼓舞和激励士气。《荆门志》所载赞颂关公的诰词"肆摧奸宄之锋，大拯黎元之溺"，即表达了统治者的用心良苦。

金代，虽未给关公增加封号，但入主中原的统治者们为了巩固他们在汉民族聚居地区的政权，自然地接受了中原文化，同时也容纳了前朝树立的神祇关公。

元朝统治中国虽不足百年，但他们也没有忽视关公在社会各界的广泛影响，从元朝给关公的封号看，地位已超过了宋朝。

明代，朝廷对关公的崇拜已超越前代，对关公的加封也日益显赫，但各个时期却有着不同的缘由和动机。明初推崇关公主要是利用关公对蜀汉

文武神圣

正统王朝的忠义精神，来说明自己从元统治者手中夺取政权的合理性，从而达到安定民心、稳固政权的目的；同时期望通过关公的神圣力量，帮助他们实现天下大治，以图"皇朝永固"、"帝系长久"。大学士商辂的《都城修庙碑》说到他们崇奉关公的这种期望："阴阳调而风雨时，五谷熟而民人育，国有祯祥，物无疵疠，永济斯世于雍熙太和之盛。"明代后期，宦官擅权，党争炽烈，朝政腐败，社会矛盾日趋激化，封建王朝面临着江河日下的严重危机。这时，他们崇关帝的目的，主要是希望借关公的精神力量，"鉴观万天，巡游三界，悉清人鬼之妖，全消未萌之患，庶命边防镇静，四夷无干扰之虞，朝野奠安，海宇乐生平之化"（张镇：《关帝志·卷一》），企图维护濒临崩溃边缘的腐朽统治。

清代，在不断升温的崇拜、信仰、祭祀过程中，关公成为维系皇权、神权、伦理纲常的万能神灵。清朝入关之初，满汉民族矛盾十分尖锐，"反清复明"的声浪此起彼伏。统治者为缓和矛盾，获得汉族人民的认同，尽快安定初创的政权，抬出关公为他们铺路开道。乾

忠义千秋，四海共仰

隆时期，清王朝进入盛世，政策锋头转向以安民、抚民为主，所以他们把忠孝节义、三纲五常等光环附加到颇具儒家风范的武圣人关公身上，使之成为人们顶礼膜拜的圣人和争相效仿的伦理道德典范。清朝中后期，吏治腐败，民怨沸腾，内忧外患，危机重重，封建统治陷入内外交困的境地。统治者又幻想以关公的神圣力量"排忧解难"，拯救危局。

历代皇家对关公的极力推崇与不断加封，对社会各界关公崇拜无疑起到极大的鼓励和推动作用，关公崇拜之声势一浪高过一浪。

3. 村村都有关帝庙

（1）沁水县

沁水县的关帝庙主要分布在沁水县的中部以南以及接近水流的地方，主要有长征村关帝庙、西文兴村关帝庙、蒲弘村关帝庙、武安村关帝庙、张峰村关帝庙、西沟村关帝庙、半峪村关帝庙、上阁村关帝庙、应郭村关帝庙、南河底村关帝庙等。

（2）阳城县、晋城市、泽州县

阳城县的关帝庙主要分布在阳城县的周边及河流两岸，主要有城关东关村关帝庙、孤堆底村关帝庙、二里腰村关帝庙、石臼村关帝阁、上庄村关帝庙、李甲村关帝庙、东关村关帝庙、河头村关帝庙、刘庄村关帝庙、涝泉村关帝庙、茹家庄村关帝庙、岳庄村关帝庙等。

晋城市的关帝庙主要分布在中部的河流两岸，主要有晓庄关帝庙、郝匠关帝庙、茶园村关帝庙、焦山村关帝庙、小东渠村关帝庙、东王台村关帝庙、金匠村关帝庙、河东村关帝庙、东村后村关帝庙等。

泽州县的关帝庙分布较均匀，主要分布在河流两岸，主要有府城关帝庙、草庵沟村关帝庙、来岭村关帝庙、东峪村关帝庙、龙道掌村关帝庙、范圪垱村关帝庙、拦车村关帝庙、东板桥村关帝庙、冯窑村关帝庙、陈庄村关帝庙、常角村关帝庙、崔庄村关帝庙、南连氏村关帝庙、西土河村关帝庙、西峪村关帝庙、翟沙底村关帝庙、镇马村关帝庙、段匠村关帝庙、东大阳村关帝庙、小耸村关帝庙、道口村关帝庙、班木村关帝庙、张八村关帝庙等。

（3）安泽县

安泽县关帝庙的数量较少，主要在接近水流的地区。主要有冀氏村关帝庙等。

（4）高平市

高平市的关帝庙集中在西部以及接近河流的地区，主要有南河村关帝庙、郭庄村关帝庙、王佛陀村关帝庙、大坡沟村关帝庙、原村关帝庙、大野川村关帝庙、马村关帝庙、南陈村关爷庙、庄子村关帝庙、董寨村关帝庙、石咀头村关帝庙、河东村关帝庙、王银村关帝庙、长平村关帝庙、郜家庄村关帝庙、北沟村关帝庙、南王庄村关帝庙、围城村关帝庙、上社村关帝庙、西郝庄村关帝庙、申家庄村关帝庙、琚庄村关帝庙、朵则村关帝庙、义庄村关帝庙、窑头村关帝庙、府底村关帝庙、南张寨村关帝庙等。

（5）沁源县

沁源县关帝庙的数量较少，分布在接近河流的地区，主要有贾郭村关帝庙、王和村关帝庙、豆壁村关帝庙、舌寨村关帝庙、西沟村关帝庙、南坪村关帝庙、上兴居村结义庙等。

4. 村前汤庙　村后关庙

明清时期，由于关羽身后声名日崇，地位益隆，因此，对他的祭祀活动也就日益受重视起来。在皇家的大力倡导下，全国普遍兴建了关庙，与祭祀文宣王孔子一样，既规范又隆重。

关帝庙是为了供奉三国时期蜀国的大将军关羽而兴建的庙宇。关帝庙是中华传统文化的一个主要组成部分，与人们的生活息息相关，一座关帝圣殿，就是那方水土的民俗民风的展示；一尊关公圣像，反映了千万民众求安祈福的精神寄托。

（1）湘峪关帝庙

湘峪关帝庙位于沁水县郑村镇湘峪村。庙内据地势分上下两院，中筑九级石阶可通上下。中轴线上从北往南有正殿、舞台，两侧有耳殿、看楼、妆楼。五月十三、六月廿四为其重要祭祀日。

上院北面正殿面阔三间，前出廊，施四根圆柱，上托11组木拱，琉璃瓦铺顶，单檐悬山顶。殿门首木匾上书"汉室精忠"四字，殿内正位塑关公夜读春秋神像，东西两边塑立关平、周仓等神像。东西两壁绘关帝一生重要事迹之图像。正殿东西两侧各有一间耳殿，东耳殿门前树新修关帝殿石碑一通，西耳殿门前墙上嵌石碣一方。

正殿

关帝像

院内有东西看楼各五间，横跨上下院，上层楼口各施四根圆柱，柱头各施一组小木拱，楼内彩绘壁画，边饰木华栏，琉璃瓦铺顶，单檐悬山顶。

舞台高踞石台基之上，台口施四根方形石柱，下有柱础，上托六组木拱，单檐悬山顶。东西各有一间妆楼。大门开在东南角上。

在湘峪流传着这样一个小故事：李自成曾亲自带兵来攻打湘峪，在湘峪古城外进攻七天七夜未破城墙，铩羽而归。没办法，他打算火烧湘峪。

舞台

正殿

这时，奋力抵抗的民工们在城墙上看见一个老头在护城河下洗脚，怎么叫他也不答应。等到洗完了之后，他站起身把水一倒，天空立刻下起了倾盆大雨，就这样把上面角楼的火给灭了。这个老头据说就是显灵的关公。

山门

（2）柳氏民居关帝庙

柳氏民居关帝庙位于沁水县土沃乡西文兴村南，坐北朝南。关帝庙又称关王庙，创建年代不详。据碑文记载，明嘉靖乙未（1559）、清乾隆丁亥（1767）、道光甲午（1834）均有重修。2003年进行了揭顶维修。为一进院落布局，中轴线建筑由南至北有倒坐戏楼、大殿，两侧有东门楼、西妆楼、东西看楼、东西耳殿。大殿门外东侧立道光三十年《重修庙宇募叙》碑，西侧为《关帝庙重修碑记》。东耳殿门外墙上嵌《清乾隆重修碑记》，西耳殿门外墙上嵌2003年《关帝庙魁星阁重修碑记》。

正殿面阔三间，前出廊，廊前施四根方形抹角石柱，下有柱础，雕刻精美。柱头上托木枋，上施七组斗拱。单檐悬山顶，上饰脊兽，筒瓦铺面。殿内彩塑关帝神像。正殿东西两边各有耳殿三间，前出廊，施二根方形石柱，上托七组木拱，单檐悬山顶。东耳殿内彩塑财神像，西耳殿内彩塑高媒神像。

（3）府城关帝庙

为山西省重点文物保护单位。位于晋城市区东北13公里处的府城村东，创建于南宋庆元元年（1195），占地面积约6000平方米。坐北朝南，院分四进，共有古建筑160余间。院内绿树成荫，桃杏芬芳，恬静优雅。中轴线上依次分布着戏楼、山门、过厅、关帝殿和三义殿。

中院关帝殿前的四根明代镂空雕龙石柱上的十条大小不一的蟠龙上

舞台

下翻飞，形态各异，底座四只凶猛的石狮雄壮彪悍，极具艺术和欣赏价值。后院三义殿前的四根石雕廊柱上雕刻着郭子仪父子同朝、陆秀夫负君蹈海、八仙过海等多达300余个人物的各种历史故事和神话传说，立体感强，均为艺术珍品。其间的微雕算盘长不足寸半，镂空雕有九档七珠63粒算珠，上下灵活自如，算盘框上雕有二龙戏珠图，堪称中国古代石雕一绝。原雕已被涂凿，现存为今人复制，也极精巧。府城关帝庙有着浓厚的

府城文物旧址　　　　　　　　　　关帝庙外景

关帝庙

杏峪关帝庙旧址

山西明清民间建筑特色，人们似乎倾尽全力来装饰它，在那些石雕和木雕中饱含着传统、吉祥甚至教化色彩。

（4）杏峪关帝庙

杏峪关帝庙，俗称大庙，为市重点关帝庙，位于沁水县龙港镇杏峪村北50米处。坐北朝南，占地面积约为2394平方米。西边毗邻玉帝庙。庙内存碣两方，据碑碣记载，曾于清嘉庆十二年、道光七年修葺，庙内建筑为清代遗构。庙设东西两个山门，山门前各修一砖体壁。东山门前首匾额上书"协天大帝"，西山门前首匾额上书"乾坤正气"，字体雄厚浑圆，雕刻精美。庙为一进院落，中轴线由南至北有舞楼、大殿，两侧有东西耳殿、东西神龛、东西偏殿、东西妆楼。

大殿建于石砌台基上，中有七级石阶可通上下。面阔三间，进深六椽，前施四根方形石柱，柱础雕刻精美，上顶一通檐木枋，托七组木拱，每组木拱分三层，逐层向前探伸。单檐硬山顶，殿内有壁画。

舞楼面阔三间，进深五椽，单檐硬山顶，建于石砌台基上，两边各有五级石阶上下，前檐施二根方形石柱，上顶通檐木枋，托七组木拱，单下昂。两边有东西妆楼。

东西配殿各面阔三间，进深四椽，单檐硬山顶。东配殿前檐施四根石柱，西配殿前施四根木柱，上各顶木枋，托七组单木拱。

五、武技：拳勇技精　侠名远播

强健之民风、坚固之城镇固然非常重要，但"万贯财不如一身艺"，没有武技在身，遇强敌也只能俯首称臣，因此，沁河人在建城筑堡的同时，开始习武强兵，"两手都要抓，两手都要硬"，这才使沁河人武技卓越，实力非凡，百里闻名。

田野调查沁河武技，走访武界专家，流连广场巷角，皆能感受到沁河人习武强体之盛；回溯沁河历史，查阅历史文献，考证村落民居，更能意会到沁河的习武精艺之能。太极拳是当前中国武术之精髓，是集大成者，其创始人陈卜就是山西泽州郡（今晋城）人。对太极拳发展产生深远影响的《太极拳论》作者王宗岳长期在沁河经商、习武、传技，而鞭杆、气功、红拳、通臂拳和形意拳等皆在沁河流域留有典故。

1. 太极陈卜始　《拳论》宗岳谱

太极拳，是中国儒、道文化与身体哲学的完美融合，是传统文化在身体的表现，亦是身体对传统文化的演绎，是以太极哲学、阴阳辩证的理念为核心，以阴阳五行变化、中医经络运行、导引吐纳调节为机制，以刚柔相济、缓慢轻灵、连续不断的动作为基础的中国传统武术，是颐养性情、强身健体、技击对抗的集大成者。

（1）传承发展

创始人是指事物的发起者、创导者和奠基者，是第一个提出概念的人，是决定着事物属性的人，是事物发展过程最为关键的人。太极拳之所以能在现代如此辉煌，皆出于一人——陈卜。

陈卜（元末明初人），山西泽州郡（即今晋城）东土河村人，陈家村陈氏始祖，河南温县陈氏太极拳创始人。相传其少年时精于拳械，是远近闻名的高手（其武术技艺来源、拳派已无法考证）。后由于晋城遭灾，被迫举家迁至山西洪洞，明洪武七年（1374），因侠义救人而得罪官府，再次被迫迁居河南怀庆府（今沁阳）陈卜庄。

陈卜在庄中事迹已经无法考证，但"陈卜庄"三字足以表明其在当时乡民心中的地位。中国乡土文化中，外籍迁入者，往往几代人都难融于当地村落，而陈卜只在此处待过不长的时间（后又迁至常扬村），此地因此更名为陈卜庄，可见其间必然发生过对村庄有影响的大事，而陈卜是其中的关键人物（陈卜庄村东北角水井上的石盖，据说就是陈卜当年用的碾盘）。其后，陈卜因陈卜庄地势低洼，常受涝灾，便又举家迁至常扬村。陈卜扎根常扬村后，"始祖陈卜，耕读之余，而以阴阳开合运转周身者教子孙以消化饮食之法，理根太极，故名太极拳"（陈鑫：《陈氏太极拳图说》）。

关于太极拳由陈卜所创的观点，学界是有争议的，但笔者认为，太极拳的创立并非一朝一夕能完成，譬如太极拳名称的由来，传统上认为的太极拳创立者陈王庭（陈氏第九代）从未提到过"太极拳"三字，而是由王宗岳提出的，所以陈卜不是创立太极拳的第一人，也是对太极拳创立产生重大影响的人。原因有二，首先，陈卜尚武。陈绩甫（陈氏第十八代）在其著作《陈氏太极拳入门总解》中说，陈家沟西十华里处有一座清风岭，多匪，常袭击掠夺村庄，官府不作为，陈卜招募数百乡亲，亲率他们攻入贼窟，贼遂被平，此后，名声大振，前来学拳者众，陈卜遂成立"武学社"传拳授艺，防匪自卫。陈卜尚武，这是能够创立太极拳的前提。其次，时空契合，陈氏之太极拳经与洪洞通臂的拳经、拳谱基本一致（唐豪、顾留馨在《太极拳研究》中指出，1936年山西洪洞县出版的《忠义拳图稿本》中，技法和名称都与陈家沟传下来的拳书相同），两者之间有渊源关系，理应是一脉相承，只不过不同的发展路径导致不同的拳法，而陈卜有先移民到洪洞县再移民到陈家沟的人生经历，两者恰好能形成完整的发展链，陈卜创太极，有时间、空间的条件。至于是陈卜家乡学艺传于洪洞，还是在洪洞学艺传于子孙，已经无法考证。

据史料所载，陈家九世陈王庭（1600—1680）博采众家武术之精华，结合阴阳五行之学理，融会经络导引之学术，将陈氏祖传的拳术改造成为具有阴阳相合、刚柔相济的太极拳。其所著《拳经总歌》被认为是太极拳的原始理论。

拳经总歌

纵放屈伸人莫知，诸靠缠绕我皆依。

劈打推压得进步，搬撂横采也难敌。

钩棚逼揽人人晓，闪惊取巧有谁知？

佯输诈走谁云败，引诱回冲致胜归。

滚拴搭扫灵微妙，横直劈砍奇更奇。

截进遮拦穿心肘，迎风接步红包捶；

二换扫压挂面脚，左右边簪庄跟腿；

截前压后无缝锁，声东击西要熟识；

上笼下提君须记，进攻退闪莫迟迟。

藏头盖面天下有，攒心剁肋世间稀。

教师不识此中理，难将武艺论高低。

太极拳又经数代发展，十四世陈长兴（1771—1853）向异姓授技，陈氏家拳得以传遍四海，名扬天下。

提到太极拳的传承，不得不提另一个山西人——王宗岳。王宗岳所著《太极拳谱》中的《太极拳论》被视为太极拳经典理论。其对太极拳的贡献不小于陈卜、陈王庭和陈长兴，因为直到陈氏十四世陈长兴始开传承之门时，也从未提到过"太极拳"三字，皆称其拳为"十三势"。给"十三势"定名为太极拳的正是王宗岳。

王宗岳生卒年代不详，一说是明末清初人，一说是清乾隆年间人（唐豪考证）；出生地不详，一说是山西阳城七里岗小王庄人，一说是山西绛州人，一说是山西太谷小王堡村人，各有理论与考据为凭。

学界对王宗岳的争议不断，但其是山西人是无争议，其是太极拳命名者无争议。李亦畲（武氏太极拳创始人武禹襄之甥）在1867年的《太极拳小序》中云："太极拳始自宋张三丰（此说有假托名人之疑，几无证据），其精微巧妙，王宗岳论详且尽矣。"这是近代太极拳源流的最早记载，也是关于王宗岳生平最为翔实的论述。

传说王宗岳以经商为生，经常往来于河南郑州与山西阳城之间。由于两地路途遥远，在路上经常遭遇歹徒，因此王宗岳练就了一身好武艺，尤其在太极拳方面有极高修养，人们尊称他为"华北大侠"。他在太极拳发展史上的贡献主要表现在两方面。

首先，他对张三丰的六首太极拳经进行阐释。张三丰是元代技击家，被奉为武当派创立者。王宗岳写出了太极拳发展史上划时代的作品——《太极拳论》，书中主要概述太极拳理论与实践关系的探讨，使得太极拳步入正确的轨

王宗岳

道，指导着太极拳健康良性地发展。王宗岳得太极拳、长拳一百〇八势及推手之传，他所写的《太极拳论》主要是对太极拳拳架和推手训练等方面的论述，《打手歌》是对技击技术与防身技术的论述，《长拳解》以五行八卦为视角，《阴符枪谱》中的枪法则以阴符为主研究。阴，暗也；符，合也。阴符者，"静处为阴动则符"也；阴符枪诀主张虚实、刚柔、阴阳之间的互相使用，粘随但不脱，就如蛇缠绕着身体。

再者，他慧眼识珠，严格按照武当内家拳选择徒弟的方法和准则，选择了河南蒋发作为衣钵传人，使太极拳北派能够开创形成，其功劳由此可见一斑。蒋发在明万历二十四年赴山西跟随王林桢（字宗岳）学拳七年，于明万历三十一年拜别师傅回到河南赵堡镇，他在这里开创了赵堡太极拳，并在河南温县赵堡镇传授此技，使得北派太极拳开始流传于世，并将其发扬光大。

王宗岳收蒋发为徒有三种说法：其一，一为李派太极拳传人公布的陈派太极拳宗师陈长兴关于太极拳源流的《序》中讲：少年时的蒋发在长城

练习少林外家拳，一次在庙会上同众人比试拳术，围观的人越来越多，忽然看见场外有两位客人站在不远处观赏，其中一位较为年长的人，对这些练拳的人似有菲薄之意，又好像有怜惜之情。蒋发看到后陷入深思，他的一位拳友把他拉到一处无人处说："适才牵马二客甚为赞美你，年轻者还说可惜此子未得真传，若在吾兄门下，不出十年，必能成名于天下。"蒋发后来知道这两位客人为练武高人，于是悄悄尾随他们，到无人处时便长跪在二位客人面前，请求拜师。这位年长者看蒋发心诚拜师，便与他说好在下月某日中午时分，就在这棵杨柳下等候。到了那天，蒋发去垂杨柳下恭候二位，二位客人乘马而来，其中年长者便是王宗岳，他收蒋发为徒，将他带回山西传授。

其二，为据赵堡太极拳宗师郑悟清所述、郑瑞整理的《武当赵堡和式太极拳阐秘》记载：在明万历年间，山西阳城王宗岳与另一高手行至郑州检查生意，晚上住宿在赵堡，某日见许多人练拳，二人注意到蒋发，认为这位穿紫花布衫的少年资质甚佳，可教，蒋发知道后心知遇到伯乐，渴望王宗岳指点一二，便多方请求拜师学艺。王宗岳看他心诚志坚，才收蒋发为徒，并约定好日期，从郑州回来后，一起回山西学拳，二人情同父子。后来王宗岳年事渐高，便让其女代父授拳于蒋发。蒋发学成回来传拳于赵堡时，人们常称赵堡太极拳是"大姑娘拳"。

其三，杨派太极拳传人王矫宇在1934年接受《北平实报》记者王柱宇的采访时说，听宗师杨禄禅所言，蒋发幼年因为出天花，头上形成许多疤痕，头发未能长全，王宗岳先生便称他为秃小子。蒋发正值少年爱美的年纪，听到这个称呼后勃然大怒，决定与王宗岳一较高下，结果一连三次被王宗岳打出数丈远。蒋发一看便知道遇到高手了，急忙跑到王宗岳面前跪地磕头，连呼师父，一直磕到头上流出血来。王宗岳见此才决定收他为徒。

这三种说法虽然略有出入，部分地方还有夸张润色之词，但王宗岳慧眼识人收蒋发为徒的事实却基本一致的。

王宗岳所学道门中的太极拳，究竟师承何处？因受传拳人告诫，对后人不明示师父姓名，只说是"云游道人"所传。他在《太极拳势》的最后写道："此系武当山张三丰祖师遗论，欲天下英雄豪杰延年益寿，不徒作技艺之末耳。" 其拳法的传承在历史上有明确记载。值得一提的是，他的第一代传人蒋发，于明万历二十四年赴山西跟随王林桢（字宗岳）学拳七年，返乡后，在河南温县赵堡镇传授此技。因此，王宗岳是武当赵堡（和式）太极拳宗师。

中国武术门户众多，派别林立，太极一门也是支派甚多，但无一不遵从王宗岳所著《太极拳论》，并视之为经典，可见其地位之重不亚于创立者。

太极拳论

太极者，无极而生，动静之机，阴阳之母也。动之则分，静之则合。无过不及，随曲就伸。人刚我柔谓之走，我顺人背谓之粘。动急则急应，动缓则缓随。虽变化万端，而理唯一贯。由招熟而渐悟懂劲，由懂劲而阶及神明。然非用力之久，不能豁然贯通焉。虚领顶劲，气沉丹田。不偏不倚，忽隐忽现。左重则左虚，右重则右杳。仰之则弥高，俯之则弥深，进之则愈长，退之则愈促。一羽不能加，蝇虫不能落，人不知我，我独知人。英雄所向无敌，盖皆由此而及也。

斯技旁门甚多，虽势有区别，概不外乎壮欺弱，慢让快耳。有力打无力，手慢让手快，皆是先天自然之能，非关学力而有为也。察四两拨千斤之句，显非力胜；观耄耋能御众之形，快何能为。立如平/秤准，活似车轮。偏沉则随，双重则滞。每见数年纯功，不能运化者，率皆自为人制，双重之病未悟耳。欲避此病，须知阴阳。粘即是走，走即是粘。阴不离阳，阳不离阴。阴阳相济，方为懂劲。懂劲后，愈练愈精，默识揣摩，渐至从心所欲。本是舍己从人，多误舍近求远。所谓差之毫厘，谬之千里，学者不可不详辨焉。

（2）拳法解读

太极拳，国家级非物质文化遗产，是以中国传统儒、道哲学中的太极、阴阳辩证理念为核心思想，集颐养性情、强身健体、技击对抗等多种功能于一体，结合易学的阴阳五行之变化、中医经络学、古代的导引术和吐纳术形成的一种内外兼修、柔和缓慢、刚柔相济的拳术。

太极拳是极富中国传统民族特色元素的文化形态。17世纪中叶，温县陈家沟陈王廷在家传拳法的基础上，吸收众家武术之长，融合易学、中医等思想，创编出一套具有阴阳开合、刚柔相济、内外兼修的新拳法，命名为太极拳。太极拳在陈家沟世代传承，自第十四世陈长兴起开始向外传播，后逐渐衍生出杨式、武式、吴式、孙式、和式等多家流派。

毛明春演示太极拳

太极拳的演变不仅表现在流派的日益纷杂上，也表现在其功能的转变上。太极拳虽说以强身健体著称，但早期的太极拳绝不仅仅用来强身健体，是中华拳种在攻防格斗的一个独立代表。太极拳在创立之初也单独作为一个拳种开设武馆，以它独特的拳技和攻防格斗风格自成一脉。如今太极拳虽说也会在擂台、拳赛中一展雄姿，但主要还是用来强身健体、颐养性情的。

太极拳从清代末年就开始在京城皇宫里流行，是最有贵族渊源的武术。从1963年国家体育局创编简化二十四式太极拳并推广普及开始，现在已经遍及全球五大洲。据统计，全世界大概有1.5亿人练习太极拳，因为其健身养身的作用，老年人及中年人练习者局多，但太极拳的现代发展已逐渐趋于全面化、普及化，各个年龄段都不乏练习者。

资料显示，太极拳人口分布最为密集的省份应该是河南省焦作市的陈家沟和赵堡，现在太极拳早已风靡全国乃至全球，在我国绝大多数地方都可以找到太极拳的踪影。太极拳在晋城一带较为风行，分布较广。泽州县太极拳文化氛围最为浓烈，习练者数以千计，发展太极拳（剑）队伍500余支。"文化一条街"的周村、拥有数个"太极村"的下村镇、大东沟镇的峪南、辛壁一带太极拳较风行，晋庙铺镇、大箕镇、金村镇、北义城镇等是太极拳在泽州流传较为风行的地方。

虽然太极拳早已享誉全国乃至全世界，在众多国家和地区都有太极拳的踪迹，但追根穷底，太极拳文化与晋城的泽州县有着千丝万缕的历史渊源。据传，太极拳的起源可追溯到陈氏始祖陈卜。陈卜原籍山西泽州郡（今晋城），后来由泽州搬居山西洪洞县。明朝洪武年间，山西泽州人陈卜带领家人从洪洞移民河南温县长阳村，村中有一条南北走向的深沟，随着陈氏人丁繁衍，常杨村易名陈家沟。陈卜来河南时带来了吸收宋太祖三十二式长拳精华的家传一百〇八式长拳世代相传，到陈氏第九世陈王廷（1600—1680）时发展为一种新的武术派别——太极拳。此后，太极拳就作为陈氏家传绝学在族内传播。晚清以前，太极拳作为陈氏家学只在陈氏宗族内部传授，这一情况在晚清时期有了改变。陈长兴成为第一个打破门规的人。他将陈氏秘不外传的太极拳传给了外姓人杨露禅，而杨露禅又将太极拳进一步改编，创立了杨式太极拳。从此太极拳由单一的陈式太极拳开始分出不同的流派。后来杨露禅的再传弟子又将太极拳传给吴鉴泉，由吴鉴泉创立吴式太极拳。继陈长兴之后，陈清萍又将太极拳分别传给武禹襄、和兆元、李景彦，而他们又分别创立了武式太极拳、和式太极拳和太极拳忽雷架。武禹襄的弟子又将太极拳传给孙禄堂。孙禄堂创立了孙式太极拳。陈氏宗族将太极拳外传使得现代太极拳的基本流派大致形成，丰富了中国的太极拳文化。

太极拳早已成为我国文化的一种符号象征，继承和保护太极拳，对于弘扬中国传统文化、提高人们生活质量、弘扬民族传统美德、增强社会凝聚力、构建和谐社会等都具有十分重要的意义。晋城一带，太极拳运动盛行已久，各地太极拳协会、各流派太极拳培训组织、自发性太极拳习练团体以及业余习练者数不胜数，各种太极拳赛事更是举不胜举。可以说，太极拳早已扎根、深植于当地文化之中，是当地文化不可或缺的一分子。因此，太极拳在晋城一代的风行不仅为当地群众带来了强身健体、促进当地人民精神文明、丰富当地文化生活等多方面的福音，同时也有效地促进了太极拳运动自身的文化发展与融合，进一步为太极拳文化的继承和保护起到了积极作用。

太极拳的各类自发民间活动组织、太极拳协会、各流派太极拳培训机构、太极拳赛事以及平日群众的个人习练都是太极拳发展的组织方式，太极拳内涵丰富，适于各年龄阶段、各种不同人群的习练，庞大的习练者队伍和群众基础不仅促进了太极拳在当地的发展，更完美地成了太极拳在当地传承与生存的最佳载体。

太极拳自创立后逐渐衍生出杨式、武式、吴式、孙式、和式等多家流派，各派太极拳法技术各异，不尽相同，各有各的风格和套路，在晋城一带，各流派太极拳法皆有习练者存在，陈式太极拳、杨氏太极拳和简化二十四式太极拳较为流行。活动方式主要有自发性太极拳组织和太极拳

刘映海、杜杰演练太极拳

队、太极拳赛事及业余习练等。

根据太极拳的分布、组织方式及主要习练人员的状况来看，太极拳在晋城一带较为风行，分布较广，各年龄阶段都有较多的习练者，城镇中有相关的太极拳协会，村落中有自发组织的老年太极拳活动队、太极拳表演队等等。总之，无论城镇或山区村落，都可以见到太极拳的踪影。

太极剑在太极拳械中是一项具有代表性的器械运动，属太极拳运动的一个重要内容，同时具备太极拳和中华剑术两者之精髓和特点。一方面它具有太极拳之意境，轻灵柔和，连续不断，重意不重力；另一方面又深谙中华剑术之精髓，剑韵轻柔舒缓，优美潇洒，剑法清楚，形神兼备，独具一格。

太极剑兼有太极拳和中华剑术两种风格特点，追溯太极剑之渊源，必须对太极拳以及中华剑术的历史渊源加以了解。

剑与中华剑术在我国具有悠久的历史，早在《吴越春秋》中就有记载。剑、剑术萌于夏商，春秋战国时日趋完善，出土文物有 越王勾践自用剑，民间有越女精于剑术之传闻，《史记》有专诸刺僚、荆轲刺秦等记载。而太极剑的产生、发展，则是近代武事，据前人讲，太极拳技先有拳枪，后有剑刀，太极剑原型为双手持剑的道家"先天玄化剑"，晚清时被太极拳家借鉴，太极剑正是融中华剑术之精髓，承中国剑术发展之底蕴，伴随太极拳的发展应运而生。

太极剑是太极拳类的短器械。由于太极拳在两三百年历史发展过程中产生了多种流派，因而太极剑的套路运动也有多种形式，包括由陈式太极拳演化而来的陈式太极剑（五十七式）、杨式太极拳对应的杨式太极剑（五十四式）、吴式太极拳对应的吴式太极剑，还有乾坤剑、孙式太极拳对应的纯阳剑等，都是伴随太极拳的演变与发展，再融合不同形式的剑术，使太极剑形成多流派发展的体系。

太极剑的"剑"对应的是剑和剑术，剑、剑术与古代战争相联系。中华剑术博大精深，总是伴随着战争的发展而发展。太极剑有不同的剑法和套路，不同流派的太极剑都与中华剑术紧密相关，严格来说，太极剑融合中华剑术之精髓，剑术的御敌、攻防格斗的韵意在其中。而太极剑是太极拳的一种发展形式，深谙太极拳之原理，同时具备太极拳的攻防技巧及强身健体之功能。当然，如今世界格局平稳，太极剑在如今祥和的氛围中发展更多的还是它的强健体魄、陶冶性情、调节紧张的神经和疲惫身心等方面的功能。但我们也相信，若外敌侵略，太极剑也必会发展其御敌之功能。

由于太极剑本身的运动特点以及独特的健体功能，目前太极剑在全国多数地区都广为流行，习练者多集中在中老年群体，不少地区都有太极剑协会，民间自发的太极剑活动组织更是数不胜数。1957年，原国家体育运动委员会组织创编了三十二式太极剑，意在普及太极剑剑法与套路，太极剑在全国范围内得到迅速发展。再到20世纪80年代编定推广的四十二式太极剑，太极剑的发展空前鼎盛，国内习练者众多，也受到了外国的关注，太极剑的步伐开始迈向世界。

太极剑在沁河流域山西晋城一段也广有分布，小区广场、民间村落都有它的踪迹，流行的太极剑法和套路也不尽相同，但习练三十二式太极剑、四十二式太极剑的还是较多。太极剑是当地人民不可或缺的文体娱乐的重要元素，广场上、村落间有数不清的小团体争相习练太极剑，这不仅展现了当地人民精神文明，也对更好地强身健体有很大作用。各地政府

陈岩演练太极剑

晋城公园的太极习练活动者

对太极剑的发展也大力支持，积极号召组织比赛，例如，泽州县在推进文化进村入户过程中，积极推进全县文化繁荣，成功举办了五届民间八音会赛，且太极拳、比赛的太极剑人数达两千多人，这对倡导健康文明的生活风尚、活跃群众文化生活有积极意义。

一方面，太极剑具有保健养生、修养身心的双重功能，长期习练太极剑，能够促进机体代谢，增强人体免疫力，抵御疾病，延缓衰老，从而起到整体的治病强身功效。并且太极剑"内外俱练"、"动中求静"是相应的，舞剑后感到头脑格外清醒，精力充沛，经常坚持练习能使人精神饱满，情绪健康。太极剑的这些积极功效都是经过反复研究而得的，对人们的积极影响也是有目共睹的。因此，太极剑在沁河流域晋城一带的盛行也让当地群众受益，使晋城人民身体强健，精神健康，提高了生活质量。

另一方面，当地政府的支持、赛事的开展，都使太极剑运动在晋城一带得以盛行。太极剑运动也在一定程度上丰富了晋城人民的精神文明生活。此外，民间太极剑活动组织、太极剑协会、太极剑赛事以及平日群众的个人习练，都是太极剑发展的组织方式，同时也形成了一条强劲的太极剑传承的途径。这些方式对太极剑在当地的发展传承十分有效。

现在民间习练者所练太极剑套路，主要以杨式太极剑法最为流行。太极剑主要有点、刺、劈、扫、带、抽、截、抹、撩、击、挂、托、拦等十三种剑法。

练习太极剑最好选择标准的太极剑，也就是我们常见的带鞘的长剑。不过，这种剑款式极多，在选择的时候我们要注意以下几个标准：第一，剑身和剑柄、剑尾的重量要平衡。测试方法：用右手的剑指（食指和中指）拖住长剑的剑身距护手一寸处的位置，若能平衡则为标准。第二，剑尖立地基本不弯。测试方法：将长剑的剑尖朝下立在地上，在手松开的一瞬间剑若基本不弯，则为标准。第三，剑身韧度为90度。测试方法：用手指捏住剑尖弯折，若能折到90度且基本不高于90度则为标准，过软过硬都为不宜。第四，以太极剑起式的姿势握剑，将剑紧贴手臂的后侧，若剑尖高于耳垂低于眉眼则为适合自己的尺寸。第五，标准太极剑的重量一般在600克左右，长短不同剑的重量会稍有偏差，一般相差在100克以内。

在沁河流域晋城附近，当地活动方式包括太极剑协会、团体和民间太极剑活动组织、群众个人习练等。太极剑习练者众多，习练人群的年龄、职业、阶层等不尽相同，但以中老年群体为主，他们有的在城市生活，有的在山村生活，有的持太极名剑，有的持木剑甚至树枝。总之，太极剑的习练者生活状态不一，繁多纷杂。

2. 化刀为鞭　化棍为杆

鞭杆，又称鞭杆子、鞭杆拳、梢棒、白棒等，武术短器械之一。鞭杆既可以单练，也可对练（如鞭杆对打），其基本套路有"十三鞭"、"三十六鞭"、"陀螺鞭"等。由于它鞭法独特，携带方便，并有助于全面发展身体素质，故已成为人们喜爱的汉族民间武术器械练习项目。

关于鞭杆武术起源于何时、由何人而创至今没有确切的史料依据。根据资料显示，有关鞭杆武术的起源有以下说法：其一，在张希贵先生编写的《鞭杆技法精要》中讲：鞭杆在晋北地区主要流传于代县、繁峙、五台县一带，此地区的人文历史、地理环境、生活习俗为鞭杆的产生、发展提供了独有的条件。其二，在民间流传的说法有两种，一是山西山高沟深，路窄，交通很不方便，人们大多以小毛驴和骡马当运输工具，在路上经常

毛明春进行鞭杆武术表演

会遇到野兽和强盗，这时赶牲口的人们就用手中的鞭子作为武器防身自卫；二是因为山西道路难行，不是上山就是下坡，所以人们出外都拿木棍当拐杖，既能防身又能当扁担挑包袱，后经几代武术家们进行防身技术规范整理，编成了现今鞭杆套路。

那么，今天人们使用的鞭杆又是怎么形成的呢？关于这一点，众说纷纭，有说是由赶马车使用的鞭子演变而来，也有说是竹节鞭演化而来，这都是一些推断。查阅有关史料，我们了解到，远在古旧石器初期，原始人群为了生存，为了狩猎、自卫、防御同类与野禽猛兽的侵袭，在长期同大自然的斗争中，出现了棍棒、石器等简单武器。与此同时，人们摸索、创造了初级阶段的格斗捕杀技能，这些技能虽是非常低级的，但可知棍棒始之于此，这种萌芽状态的棒就是短棒。因此，从其源头上来讲，是源自人类生存的需要，后演变成防身、防卫之用，再到如今，人们将它发展成不同风格的套路，已达到强身健体、锻炼自身并防身的目的，迄今，鞭杆已发展成一项优秀的民俗文化。现在鞭杆在甘肃、山西、宁夏、陕西等省流行较广，其中以山西鞭杆最为出名，发展最为迅速，且体系较为完善。

鞭杆运动在数代前辈们的实践、探索、钻研、总结下，内容不断丰富，格斗技术得以提高，并流传下来很多优秀的鞭杆套路。在20世纪80年代全国武术挖掘整理工作中，《山西武术拳械录》中的器械套路部分中收录了27种鞭杆套路，这些套路分别是：十二式鞭杆、八仙鞭、十五手点穴鞭、五花鞭、十八式单手鞭、二十四式鞭杆、三十六式鞭杆、三十六天鞭、六十三鞭、杨氏鞭棍、八合鞭、子母鞭杆、陀螺鞭（一、二、三）、十字鞭、综合鞭杆、通背三十六鞭、通背单手鞭、子午螳螂万花鞭、螳螂鞭、三十六鞭、在十手鞭、简化鞭杆、一路、二路鞭杆和鞭杆对练。

在沁河流域鞭杆十分盛行，其种类最主要的就是山西鞭杆。鞭杆在山西武术文化中占有重要地位，它套路多、用途广、易掌握，成为人们喜闻乐练的武术项目。在过去，无论是走南闯北的商旅、出门远行的行者还是

邵建功进行鞭杆武术表演

驮运商品的商队，都手拿鞭杆出行。现今鞭杆更是健身养生的运动项目。在鞭杆盛行的地方，老人们出门时更是鞭不离手，走路时是拐杖，挥舞起来就是锻炼身体的武术器械。

在众多的武术拳械中，鞭杆独具特点。鞭杆是无刃短器械，运用起来短小精悍、变化多端，技术上综合了长短器械的丰富使用技巧，可以发挥短器械的特点，攻防兼备，技击性极强。鞭杆携带较方便，技击套路简单易学，老少皆宜，受场地限制也较小，拥有很高的健身、娱乐兼防身等价值。

鞭杆不仅仅蕴含器械技击技巧，还需要拳脚乃至整个身体的配合。例如，山西鞭杆的技术体系包括步法、腿法、鞭法、练功方法、套路的特点与攻防原理。因此，鞭杆运动是对活动者整个身体的一种积极锻炼。特别是在全民健身运动中，无论男女老少，在学习或工作之余、晨昏之际，在校园、广场、公园里随手拈来一舞，顿觉神清气爽，精神倍增。倘若能够细心揣摩其中用意，潜心体会动作要领、攻防原理、练功方法，努力做到姿势正确，劲力顺达，动静相间，节奏分明，气力结合，形神兼备，身捷步灵，起伏转折，舒展顺畅，精神贯注，气势完整，身械协调就更能提高锻炼兴趣，经常演练，锲而不舍，定能达到养性强身的目的。此外，鞭杆可单练、对练和集体练。单练可展示自己的身法，训练对套路快慢、刚柔、动静的掌控能力，提高自学能力与表现力；对练，锻炼反应能力，增强鞭法的速度与技巧，特别对保持老年人的脑力和四肢的灵活性会起到一定的作用；集体练习，培养人与人之间的默契和团队意识。

沁河流域盛行的鞭杆流传至今并不是某一个人的功劳，而是经过历代有识之士不断充实、改进、创新逐渐完善起来的。在其发展过程中，集大成者首推代县圆果寺的住持教伦和尚。教伦和尚是代县人，自幼习武，后剃度出家为僧，曾在少林寺居住多年。在此期间，与各地来访少林寺的武术高手多有交往，在交流与切磋中不断地充实自己。教伦和尚栖身于圆果寺时，行功练武，禅拳兼修，特别对当地流传的鞭杆拳情有独钟，长期致力于搜集和整理有关鞭杆的资料，并教授和尚们习练鞭杆，在实践中不断揣摩、研究与创新，而且广收俗家弟子为门徒，在清末时期远近闻名。其主要传人有曹全、曹根武父子，任济、李春芳、张赢州等人。他们都是代县人，技艺精湛，名震一方。近代为鞭杆推入社会而广为流传做出贡献者，当属五台县武术名师张含之先生。张含之先生曾师从于任济、曹根武、张赢州等前辈为师，尤得任济老先生鞭杆之真传，并对鞭杆的发展传播起着承前启后的作用。张先生广收门徒，其主要传人有山西大学体育系的陈盛甫先生、山西机床厂武耀文先生、西山的杜大兴师傅，均为一代名师。他们各有传人，广为流传，从而使这一优秀的传统武术项目得到了较好发展，成为深受群众喜爱的一种热门项目。

沁河流域一带的鞭杆主要为山西鞭杆，在技法上以搬、拦、裹、劈、勾、挂、霍、剁、滚、格、墩、戳、砸、掠、挑、窝、飞、点、绞、压等二十字诀动作为主要内容，练习时要求身械协调长短，走鞭换手干净利落，身灵步活，进退自如，伸曲吞吐刚柔兼有，起伏转折快如闪电，纵横交织力贯鞭梢，要手不离鞭、鞭不离身，时而雄健朴实，时而轻巧敏捷。

刘映海进行鞭杆武术表演

鞭杆一般用坚韧的木质材料加工而成，长度1.1米左右。鞭杆分鞭把（把端）、鞭身、鞭梢（梢端）三部分。有粗细之分，较粗一端叫鞭把（把端），其截面直径约2.5厘米；较细一端叫鞭梢（梢端），其截面直径约2厘米。也可根据自身的体质、力量的大小，选择适合自己使用的鞭杆，以称手和方便使用为准则。

山西鞭杆大多数是用木质材料做成，既经济又实惠。现今通常是用质地坚韧、重量较轻的白蜡杆根据自身情况参考标准截取适宜长度，然后进行抛光、打磨加工而成。鞭杆在山西不同的地区材质有所不同，遵循就地取材的原则。晋北的右玉县盛产沙棘，而沙棘树的质地非常坚韧，枝干上遍布棘刺，当地人便利用沙棘树做成鞭杆，不仅成本低，而且枝干上的棘刺增强了鞭杆的攻击性。要找到一根合适的沙棘树做鞭杆实属不易，因此，当地的习武之人视沙棘树做成的鞭杆为宝贝。晋北的浑源和广灵有一种很特殊的木材叫六道木，俗称六道子。其杆无心有结，每结自成纹路。纹路竖行，均为六道。灰皮去后，木面光滑细密，呈白色，微黄。六道子木质坚韧，且不易折。强力折之，斜茬似刀，锋利如刃，握之不冷不热，提之不轻不重，坚韧如铁，弹力如藤，为众多人所喜爱。当地武师就地取材，用其做成鞭杆不仅经济实惠，而且用起来得心应手。可见，地方不同，选取的鞭杆材质也不尽相同，大都就近取材，顺手便可。

鞭杆在沁河流域一带活动方式多样，或单人演练，或双人鞭杆对练，或比赛演出，或十几人、几十人聚集在广场上、村落间锻炼强身，它不分性别、不论年龄，组织形式也不拘一格，只要是鞭杆运动的喜爱者，都能拿起鞭杆活动一二。

3. 形与意合　内外兼修

形意拳，又称行意拳、心意六合拳，汉族传统拳术之一，是中国武文化和东方神秘文化的重要组成部分，也是中华武术百花园中的一朵奇葩。

自形意拳出现后，不断在发展中创新、演变，大致可分为河南、山西、河北三大系。河南及山西部分派系称心意拳，河北及山西部分派系称形意拳，河南又分洛阳和南阳两支。在心意拳发展过程中，分流众多不同的派系，分化成不同的名字传承，包括心意六合拳、心意拳、形意拳等。清初，形意拳在山西、河南、河北得到广泛传播，近百年来名手辈出。现代盛行的形意拳，是由河北深州李洛能从山西戴氏心意拳发展出来的，并加以定名。现在，形意拳作为传统武术项目，同时也作为我国优秀民俗体育文化的部分研究内容，已越来越受到人们的关注。形意拳的习练者也分布全国各地，其中山西分布最广，早已形成完整的发展体系。

形意拳在明清时期以山西为地缘中心逐渐发展兴盛起来，明清时期山西独特的地理环境、文化环境、经济环境与政治环境客观上促进了形意拳的产生与发展，而以人为本的 "仁"性人力资源伦理管理、以"信"为本的经营伦理管理、以"智、礼、义"为本的可持续生态伦理管理等文化规训与形意拳师的内化，则在主观上推动与实现了形意拳的有效传承与发展大繁荣。迄今，形意拳在山西的发展可谓鼎盛，而在悠久的沁河文化中，

杜杰进行形意拳演练

形意拳早已在此留下了独属自己的烙印，形成了清晰的发展脉络。

　　就形意拳项目本身来讲，讲究"身心合一，内外兼修"，"形练"与"内修"是习练形意拳的必不可少的两个组成部分。其动作中正不倚，打法可刚可柔，不同体质的人都可进行锻炼。形意拳有着很高的锻炼价值，长期练习不仅可以防身自卫，而且可强身健体、延年益寿，是一项有利于身心健康的体育运动。

　　就社会功能进行分析，形意拳不仅对生理、心理和社会有很大的影响，而且可以传承传统优秀文化，非常适合现代人对自我的完善和个性的发展，能够满足社会中大多数人的需要，适合我国的体育国情，能在全民健身运动中发挥良好的推动作用。

　　形意拳以五行拳（劈、崩、钻、炮、横）和十二形拳（龙、虎、猴、马、鸡、鹞、燕、蛇、鼍、鸟台、鹰、熊）为基本拳法，其桩法以三体式为基础。山西一些地区有以"站丹田"（站丹田、射丹田者，山西戴式心意拳也）、"六合式"为基本桩法的。其他单练套路有五行连环（五行相

刘易斯进行形意拳演练

克）、杂式锤、金刚八式、四把拳、十二洪捶、出入洞、五行相生、五行连贯、龙虎斗、八字功、上中下八手。对练套路有三手炮、五花炮、安身炮、九套环。器械练习以刀、枪、剑、棍为主，多以三合、六合、连环、三才等命名。各地流行的形意拳，除技术内容有所不同外，在风格上也各具特色。如河北一带的形意拳，拳势舒展，稳健扎实；山西流传的形意拳，拳势紧凑，劲力精巧；河南一带的形意拳，拳势勇猛，气势雄厚。

目前来看，随着形意拳的不断发展和演进，其生存空间与社会公信力得到了大幅度提升。拳种体系的沿革与完善、拳种风格的演变与创新、传承方式的革新、传承地域的拓展、传承队伍的壮大、传承效率的提升等都为形意拳的发展和传承提供了无穷的动力和保障。形意拳早已闻名我国大江南北，在全国各地拥有数不清的爱好者和习练者。其拳种风格也决定了它优秀的社会适应性，不分年龄、不分性别、不分阶级的特点能够满足社会中大多数人的需要，同时也为自身缔造了良好的传承途径和发展空间。

4. 放长击远　通背缠拳

通背拳，又称无极通背缠拳，是主要流传于山西省洪洞县等地区的一种珍稀拳种，国家级非物质文化遗产的一分子，是汉族传统拳术之一。其内容丰富、手法繁多、风格独特、技击性强，以兼具内外两家之优而别具于中国传统武坛。

洪洞通背拳，可谓中华武林艺苑中一颗璀璨的明珠，发展鼎盛时期，它在山西乃至全国各地都有数量庞大的习练者和爱好者，甚至日本、美国、新加坡等国的外籍人士也都来此学习和了解这项优秀的中华拳术。如今随着时代的变迁、西方体育文化的冲击以及人们生活、价值观的改变，通背拳面临着发展的考验，在当地民间，除了一些老拳师、传承人和少数爱好者之外，洪洞通背拳的习练者已经越来越少，当地的很多老百姓和年轻人甚至都不知道也不关心还有一个属于洪洞的古老拳种——通背缠拳。

洪洞通背拳在山西境内主要流传于晋南各地，如洪洞、霍州、尧都区、河津、稷山以及晋城的沁源、沁水等地，在山东、河南、河北也有洪洞通背拳的踪影。另外，日本、美国、新加坡等国的外籍人士也有来此学习这项拳术的。在所有这些地区中，山西洪洞地区习练通背缠拳的人数最多，分布也最广。

在沁河流域，洪洞通背拳在整个通背拳体系中占有最重要的地位。在当地有众多的通背拳分支、流派，其中洪洞通背拳的发展体系最为健全，有专门的学校，有众多的洪洞通背拳的协会或其他民间团体、组织以及一众老拳师、传承人。沁河一带分布最广的当属晋城的沁源、沁水等地。

就项目本身而言，洪洞通背拳融汇了多种中国传统文化思想和观念，摄养生之精髓，集技击之大成，是中华武术宝库中一个优秀拳种。在当地，它是人们为之骄傲的文化符号象征，为人们提供了感情交流和文化交往的社会环境、平台，有助于改善当地民众关系，丰富当地的文娱生活，促进当地社会的和谐。通过对洪洞通背拳技术的演练和传统文化的领悟，有助于习练者德智体全面发展，发挥其重要的文娱价值、健身价值。

杜杰进行通背拳演练

洪洞通背拳在练习时，精神、关节、肌肉等全身各个部位都要放松。通背拳的放松训练可使机体从紧张状态松弛下来，可使肌肉松弛并消除紧张。放松训练的直接目的是使肌肉放松，进而达到心理上的松弛，从而使机体保持内环境平衡与稳定。通过反复练习，使人学会有意识地控制自身的心理、生理活动，以达到降低机体唤醒水平，增强适应能力，调整因过度紧张而造成的生理、心理功能失调，起到对疾病的预防及治疗作用。放松训练对于应付紧张、焦虑、不安、气愤的情绪与情境非常有用，可以帮助人们振作精神，恢复体力，消除疲劳，稳定情绪，可以很好地缓解肌肉的疲劳。另外，洪洞通背拳能够使机体得到全面锻炼。因为通背拳有上、中、下之分，头、面、项、肩为上部，胸、心、肋、腰为中部，胯、腹、膝、脚为下部。习练时全身而动，繁杂的手法、腿法能够充分调动四肢肌群，而身体的闪转腾挪以及平衡则需核心肌群来维持。因此，长期习练能够有效地增强人的体质，达到全面锻炼的效果。

洪洞通背拳在技法上具有如下特征：

第一，节奏多变，快与慢结合。在洪洞通背拳谚语中有这样一句话，练习时要求"时而和风习习，时而狂风骤雨"，这充分说明洪洞通背拳具有快慢相兼、动静分明、刚柔相济的特点。研究发现，洪洞通背拳的快慢节奏变化非常明显，快时动作像一阵疾风，像云一样轻盈，令人难以察觉，常常在防守动作中体现出来；慢时动作就像鹰在空中盘旋，轻时动作力量大，速度快，有迅雷不及掩耳之势，像钢铁砸下那样沉重有力，常常在进攻动作中体现出来。

第二，无处不圆。"左缠缠，右缠缠，顺藤摸瓜将臂栓。""左螺旋，右螺旋，扳、搂、扶、捌要连环。"研究发现，洪洞通背拳的技术动作常常要求肢体不断处于"圆"的运动之中，动作中处处带有弧形，带有缠绕。"圆"的动作始终贯穿于整个洪洞通背拳的技法之中。

第三，方法多变。"臂如藤条，刚柔共，闪惊巧取快如风。""指上打下，要回冲，声东击西变无穷。"研究发现，洪洞通背拳的攻防、进退动作变化有出奇制胜、闪惊巧取、侧身而进、引诱回冲等特点，说明洪洞通背拳具有技术全面、技法丰富、动作繁多与技法灵活多变的特征。

第四，以短制长。"远靠手，近靠肘，不远不近是按手。""全身上下都是拳，挨着哪里哪里打。"这两句话表明洪洞通背拳具有贴身缠斗、以短制长的技法特征。

第五，以快制力。"三手并作一手用，三步并作一步行。"洪洞通背拳攻防中，决定胜败的关键是快，这也是洪洞通背拳重要的技术特征之一。当对手以大力用拳向我打来，近身之际，我可快速地通过缠、绕、搂、劈、架、砸等方法，绕开对方之力，使对手攻击路线偏离目标，改变其力点与方向，不硬碰硬，用柔和之劲化掉其力量，由被动变主动，彰显出洪洞通背拳"以快制力"的技法特征。

洪洞通背拳在当地的组织方式多样，乡间村落有自发的习练团体，城镇闹市中有专门的协会、学校等组织。村间场院、花园广场，往往有一个或几个带头人大家聚在一起习练拳法。协会或者当地政府组织的各类赛事也是洪洞通背拳一展拳脚的舞台。

刘易斯进行通背拳演练

2011年6月10日，山西洪洞通背拳在当地政府的大力支持下成功入选第三批国家级非物质文化遗产，这为洪洞通背拳的传承保护与发展提供了强有力的保障。但是现阶段洪洞通背拳的传承、保护与发展依然面临着比较严峻的形势，通背缠拳的传承长期以来都是家族传承和师传为主要途径，其中家传，以家族为本，血缘关系为传承纽带，一般不会对外传承，这就造成了拳法的传承途径单一，很多优秀的拳法口诀、技巧失传；师徒传承主要采用"言传身教"的方法，完整保留下来的有文字性、记录性的材料很少，一些流传下来的老拳谱，多晦涩难懂，加之旧时封闭的传承思想，门派之间交流甚少，根本没有形成系统的理论支撑。另外，如今随着时代的变迁、西方体育文化的冲击以及人们生活、价值观念的改变，在当地民间，洪洞通背拳的习练者已经越来越少，甚至于当地人对于洪洞通背拳的发展也漠不关心。通过对洪洞通背拳传承人、继承人数以及招收的徒弟人数的调查，发现只有少数几个传承人教授过徒弟，其他的几乎没有继承人。一些古老拳法正随着老拳师的逝世一起消失，很多器械套路的练习方法现在已经失传。这些因素都在很大程度上限制了通背缠拳与时俱进的良性发展。

通过调查发现，洪洞通背拳的参与人群主要集中在中老年，青少年人群的比例较小。其实通背缠拳项目自身对于习练者并无明显限制，属于不分年龄、不分地域、不分阶级、不分性别的全民健身性的武术运动项目。但由于正宗洪洞通背拳在发力技巧、动作规范、技击技术、套路等方面有独特的要求，这也造成现在人们大多不愿选择学习通背缠拳来锻炼健身，主要的活动者依然是那些老拳手、项目传承者以及少数的爱好者。由于项目没有系统的竞赛或考核机制，所以现在当地的活动者习练通背缠拳或为健身强体，或为兴趣爱好，或为文化传承，而非职业或必要技能等专门性发展。

5. 养生宝典　强身为基

（1）坐式八段：十二段锦

"十二段锦"又名"文八段锦"，也被称为"坐式八段锦"。在中国的清朝，十二段锦作为河南嵩山少林寺僧人练习内功的内容之一，于此后影响力逐渐扩大，作为内功锻炼功法广为流传，并延续至今。十二段锦是基于立式八段锦之基础，与立式相对，采用坐式，全套功法由十二个动作组合而成，在2007年由国家体育总局健身气功管理中心予以再次创编，并广泛推广。十二段锦早见于明代朱权之《活人心法》中，本名为"八段锦导引法"。之后于冷谦的《修龄要旨》中，将之称之为"八段锦法"，不过实际内容与一般所称的"八段锦"有着很大的不同。其动作进行练习时均取坐式，所以又被称为"坐式八段锦"。清朝徐文弼的著作《寿世传真》中，将这种锻炼形式称之为"十二段锦"，并且对其十二个动作细节予以了说明。光绪年间，王祖源将咸丰年间的《卫生要术》易名为《内功图说》。"十二段锦"的动作简单，但只要持久坚持，就能达到健身益寿、预防疾病之功效。

十二段锦全部动作动静结合，阴阳协调。其静功的锻炼内容有调身、入静、调息、冥想，而动功的锻炼则运用了自我按

姚佩进行十二段锦演练

段佩佩进行十二段锦演练

摩、导引等方法。练习十二段锦时需呼吸、导引、意念相互协同配合，动作柔和、自然、顺畅。全套动作虽然简单明了，易学易练，但真正能达到其效果需要旷日持久地练习。其动作在清代同治十三年刻本《易筋经》中有这样的口诀总结：

闭目冥心坐，握固静思神。叩齿三十六，两手抱昆仑。左右鸣天鼓，二十四度闻。微摆摇天柱。赤龙搅水津，鼓漱三十六，神水满口匀。

一口分三咽，龙行虎自奔。闭气搓手热，背摩后精门。尽此一口气，想火烧脐轮。左右辘轳转。两脚放舒伸，叉手双虚托，低头攀足顿。以候神水至，再漱再吞津，如此三度毕，神水九次吞，咽下汩汩响，百脉自调匀。河车搬运毕，想发火烧身。金块十二段，子后午前行。勤行无间断，万疾化为尘。

自国家体育总局健身气功管理中心进行重新创编推广以来，受到了沁河流域广大健身爱好者的喜爱与广泛传播，目前在沁河一代已经广为流传。

（2）易其筋骨：易筋经

易由日、月二字合成，象征着阴阳变化之太极，具有易变之意思；筋指的是肌肉力量的来源。所以，"易筋经"的字面意思就是改善人体筋骨的方法。

易筋经相传为天竺和尚达摩所传，当年达摩只身东来，一路上助人颂法，后于少林寺落定，并在少林面壁九年。达摩本身内功深不可测，在面壁之后石壁上留下了他的影像。达摩悟得之后，留下了两卷秘经，其中秘经之一便是如今流传甚广的《易筋经》。清代傅金铨校订的道光版《易筋经》，其序言开篇即曰："昔达摩大师著《洗髓》《易筋》两经，而传于少林者惟《易筋经》，此非徒夸神勇于绝技也。"达摩原为南天竺国（南印度）人，公元526年来中国并最终到达嵩山少林寺，人称禅宗初祖。

《指月录》记载：

> 越九年，欲返天竺，命门人曰："时将至矣，汝等盍言所得乎？"有道副对曰："如我所见不持文字，不离文字，而为道用。"祖曰："汝得吾皮。"尼总持曰："我今所解，如庆喜见阿闷佛国，一见更不再见。"祖曰："汝得吾肉。"道育曰："四大本空，五阴非有。而见处，无一法可得。"祖曰："汝得吾骨。"最后彗可礼拜，依位而立。祖曰"汝得吾髓。"

自古以来，《易筋经》典籍与《洗髓经》并行流传于世，并有"伏气图说""易筋经义""少林拳术精义"等其他名称。从有关文献资料看，宋代托名"达摩"的著述非常多。例如，张君房编著的《道藏》，另外还有《云笈七签》《太平御览》等书，都收有相关著作。各种导引术也在此时流行于社会，而民间也广为流行通过修炼可以"易发""易血"的说法。

明代周履靖在《赤凤髓·食饮调护决第十二》中记述曰："一年易气，二年易血，三年易脉，四年易肉，五年易髓，六年易筋，七年易骨，

李梦云演练易筋经

八年易发，九年易形，即三万六千真神皆在身中，化为仙童。"文中"易髓""易筋"应与《易筋经》有先后联系。易筋经的习练内容有：韦陀献杵第一式、韦陀献杵第二式、韦陀献杵第三式、摘星换斗、倒转九牛尾、出爪亮翅式、九鬼把马刀式、三盘落地、青龙探爪、卧虎扑食、打躬式、掉尾式。易筋经在晋城的习练者众多，流传甚广。

（3）动物养生：五禽戏

五禽戏源于古代的仿生导引术，是东汉时期的著名医学家华佗在《庄子》"二禽戏"（"熊经鸟伸"）的基础上创编出来的。"五禽戏"这一名称及功效在《后汉书·方术列传·华佗传》中有记载：

> 吾有一术，名五禽之戏：一曰虎，二曰鹿，三曰熊，四曰猿，五曰鸟。亦以除疾，兼利蹄足，以当导引。体有不快，起作一禽之戏，怡而汗出，因以著粉，身体轻便而欲食。普施行之，年九十余，耳目聪明，齿牙完坚。

而在南北朝时期的陶弘景之《养性延命录》中对五禽戏有更加详细的记载：

虎戏者，四肢距地，前三掷，却二掷，长引腰，侧脚仰天，即返距行，前、却各七过也。鹿戏者，四肢距地，引项反顾，左三右二，左右伸脚，伸缩亦三亦二也。熊戏者，正仰以两手抱膝下，举头，左辟地七，右亦七，蹲地，以手左右托地。猿戏者，攀物自悬，伸缩身体，上下一七，以脚拘物自悬，左右七，手钩却立，按头各七。鸟戏者，双立手，翘一足，伸两臂，扬眉鼓力，各二七，坐伸脚，手挽足距各七，缩伸二臂各七也。夫五禽戏法，任力为之，以汗出为度，有汗以粉涂身，消谷食，益气力，除百病，能存行之者，必得延年。

陶弘景在该书中，不但对五禽戏的具体操作步骤进行了描绘，而且提出了五禽戏的锻炼原则——"任力为之，以汗出为度。"

五禽戏发展至如今，已经形成了不少流派，其动作各有所不同。在华佗故里的安徽亳州地区，现在流行的主要是董文焕与刘时荣所传的华佗五禽戏。董文焕所传承的五禽戏套路，一共五十四式个动作（虎戏十三式，鹿戏九式，熊戏九式，猿戏十式，鸟戏十三式），而刘时荣所传承

芦鹏鹏进行五禽戏演练

之"古本新探华佗五禽戏"借鉴了武术风格，除了套路（四十式动作，每戏各八式）之外，还创编了华佗五禽剑（共四十四式个动作，虎戏八式，鹿戏八式，熊戏八式，猿戏十式，鸟戏十式）。而在沁河流域一带广为流传的五禽戏是2003年国家体育总局根据古代的导引吐纳之术、中医学的阴阳、五行学说、精气神学说、藏象学说、经络以及气血运行的法则，在总结前人养生经验的基础上提炼创编而成的，仿效了虎的刚健、鹿的安舒、熊的沉稳、猿的灵巧、鸟的轻捷，要求动作中蕴含着这五禽的神韵，具有五禽的象形特征，每个动作各具特色。并把重新编排的"五禽戏"作为健身气功的内容之一向全国进行推广。现在国家推行的五禽戏的习练功法是：虎戏（虎托、虎扑）、鹿戏（鹿抵、鹿奔）、熊戏（熊运、熊晃）、猿戏（猿提、猿摘）、鸟戏（鸟飞、鸟伸）。

（4）声音导引：六字诀

六字诀的全称为"六字诀养生法"，传承于我国古代以吐纳为主的养生功法。这套功法最大之特点是：以呼吸吐纳为主要手段进行五脏身心的

蔡丽进行六字诀养生法演练

调理，即通过六种发音"嘘、呵、呼、呬、吹、嘻"与人体肝、心、脾、肺、肾、三焦进行对应，起到调整脏腑经络平衡之目的，并用来治疗脏腑功能失调等亚健康疾病。其最早见于陶弘景之《养性延命录》，后来在隋代《诸病源候论》与宋代《圣济总录》等官方医学著作中都被收录，是古代以呼吸吐纳为主的健身功法之宝贵遗产。

关于呼吸吐纳对人体的作用，历代文献中有很多论述。比如秦汉时期的《吕氏春秋》便有导引呼吸治病的相关记载。再如《庄子·刻意》篇中有："吹呴呼吸，吐故纳新，熊径鸟伸，为寿而已矣。"西汉时的《王褒传》中也有"呵嘘呼吸如矫松"这样的记载。南北朝时陶弘景在他的《养性延命录》著作中有：

> 凡行气，以鼻纳气，以口吐气，微而行之名曰长息。纳气有一，吐气有六。纳气一者谓吸也，吐气六者谓吹、呼、嘻、呵、嘘、呬，皆为长息吐气之法。时寒可吹，时温可呼，委曲治病，吹以去风，呼以去热，嘻以去烦，呵以下气，嘘以散滞，呬以解极。

以上记载，可以视为六字诀的起始。到了隋代，天台宗高僧智顗法师于其所著《修习止观坐禅法要》中认为：

> 但观心想，用六种气治病者，即是观能治病。何谓六种气，一吹、二呼、三嘻、四呵、五嘘、六呬。此六种息皆于唇口中，想心方便，转侧而坐，绵微而用。颂曰：心配属呵肾属吹，脾呼肺呬圣皆知，肝脏热来嘘字治，三焦壅处但言嘻。

至唐朝医家孙思邈，按照五行相生的顺序，并配合了四时之节气，编写了《卫生歌》，为六字诀养生祛病奠定了一定的基础，歌云：

> 春嘘明目夏呵心，秋呬冬吹肺肾宁。四季常呼脾化食，三焦嘻出热难停。

发宜常梳气宜敛，齿宜数叩津宜咽。子欲不死修昆仑，双手摩擦常在面。

明朝著名的养生著作《正统道藏洞神部》中，对六字养生讲得更加具体：

呬字，呬主肺，肺连五脏，受风即鼻塞，有疾作呬吐纳治之。呵字，呵主心，心连舌，心热舌干，有疾作呵吐纳治之。呼字，呼主脾，脾连唇，脾火热即唇焦，有疾作呼吐纳治之。嘘字，嘘主肝，肝连目，论云肝火盛则目赤，有疾作嘘吐纳治之。嘻字，嘻主三焦，有疾作嘻吐纳治之。

龚廷贤的著作《寿世保元》中，也谈到了六字的治病之法：

不炼金丹，且吞玉液，呼出脏腑之毒，吸入天地之清。

五脏六腑之气，因五味熏灼不知，又六欲七情，积久生病，内伤脏腑，外攻九窍，以致百骸受病，轻则痼癖，甚则盲废，又重则伤亡，故太上悯之，以六字诀治五脏六腑之病。其法以呼字而自泻去脏腑之毒气，以吸气而自采天地之清气补气。当日小验，旬日大验，年后百病不生，延年益寿。卫生之宝，非人勿传。呼有六曰：嘘、呵、呼、呬、吹、嘻也，吸则一而已。呼有六者，以呵字治心气，以呼字治脾气，以呬字治肺气，以嘘字治肝气，以吹字治肾气，以嘻字治胆气。此六字诀，分主五脏六腑也。

总之，六字诀全套练习每个字做六次呼吸，早晚各练三遍，日久必见功效。目前沁河流域所流行的六字诀，是2003年中国国家体育总局重新编排后的六字诀健身法。

（5）动动精华：八段锦

立式八段锦即俗称的八段锦，其内容最早在南宋曾慥的《道枢·众妙篇》中有所记载：

仰掌上举以治三焦者也；左肝右肺如射雕焉；东西独托，所以安其脾胃矣；返复而顾，所以理其伤劳矣；大小朝天，所以通其五脏矣；咽津补气，左右挑其手；摆鳝之尾，所以祛心之疾矣；左右手以攀其足，所以治其腰矣。

这个时期的立八段锦还没有被称为立式八段锦，在同期陈元靓的《事林广记·修真秘旨》中将之称为"吕真人安乐法"，并且有如下总结：

昂首仰托顺三焦；左肝右肺如射雕；东脾单托兼西胃；五劳回顾七伤调；鳝鱼摆尾通心气；两手搬脚定于腰；大小朝天安五脏；漱津咽纳指双挑。

到了明朝《道藏·灵剑子引导子午记》中有"导引诀"的记载，与陈元靓之"吕真人安乐法"大致相同：

仰托一度理三焦；左肝右肺如射雕；东肝单托西通肾；五劳回顾七伤调；游鱼摆尾通心脏；手攀双足理于腰；次鸣天鼓三十六；两手掩耳后头敲。

清朝末年的《新出保身图说》首次将这种锻炼方法以"八段锦"命名，并绘制了练习图，创编了相对完整的套路，其文字记载如下：

两手托天理三焦；左右开弓似射雕；调理脾胃须单举；五劳七伤往后瞧；摇头摆尾去心火；背后七颠百病消；攒拳怒目增气力；两手攀足固肾腰。

至此八段锦的动作确定了下来。在2002年，国家体育总局健身气功管理中心委托北京体育大学对立式八段锦进行了重新研究与整理，并将之定名为健身气功八段锦，其功法内容是：两手托天理三焦，左右开弓似射雕，调理脾胃需单举，五劳七伤往后瞧，摇头摆尾去心火，双手攀足固肾腰，攒拳怒目增气力，背后七颠百病消。这一八段锦法在沁河流域流传甚广。

气功在长期发展过程中，形成了自己独特而精深的养生健身理法，有着深厚的文化内涵，是中华民族所特有的传统体育运动项目和优秀文化遗产，是中国优秀传统文化的重要组成部分，是我国最具有群众基础的民族传统健身项目之一。继承和发展健身气功对于弘扬民族传统文化、提高人民生活质量、构建和谐社会等有重要意义。晋城市从2004年国家健身气功协会正式成立时，就开始推广健身气功易筋经、健身气功五禽戏、健身气功六字诀、健身气功八段锦，当地也成立了健身气功协会。健身气功内涵丰富，适于各年龄阶段、各种不同人群的习练，发展至今已有29个站点，习练人数达3000人，目前站点数量发展比较稳定，习练健身气功的人数也相对比较稳定，国家推广的九套健身气功晋城市现在都在推广，也有培训健身气功裁判员、教练员，且经常参加地方健身气功交流赛。庞大的习练人数和深厚的群众基础对健身气功在当地的继承和发展有积极的作用。

李金龙进行八段锦法演练

六、武器：欲善其事　必利其器

制造并使用工具是人作为人区别于其他动物的本质区别。人类的发展史也是工具的进化史，从沁河西瑶泉遗址、下川遗址中发掘出的刮削器、尖状器开始，沁河人长期处于工具制造的前端。尤其是铁器制造业的发达，使沁河成为著名的铁器之地。

居战略要地是沁河人的幸福，更是沁河人的不幸。因为战事较多，为备战防敌，沁河人在祭祀祈天、强身习武、筑城修堡的同时，也充分利用自身制造业的优势，制造、开发多种兵器，以求安保。

1. 民物相揉　工兵不分

沁河流域文明起源可以追溯到200万年前的旧石器时代中晚期，在数万年的人类历史中，战争一直伴随着社会的发展与变革。而战争中使用的各种兵器，不仅代表了各个历史时期工程技术的最新发展，也成为古代战争和战场的缩影。

人无虎狼之爪牙，亦无狮象之力量，却能擒狼缚虎，驯狮猎象。原因何在？无他，唯智慧耳。人生为万物之灵，善用智慧与工具，适应自然，改造自然。古人云："假舆马者，非利足也，而致千里；假舟楫者，非能水也，而绝江河。君子生非异也，善假于物也。"人拿起武器之时，兵器的创造、发展与革新自此伴随着人类历史的更迭。

位于山西东南部的沁河流域有着悠久的历史，文化底蕴丰富，是华夏文明的发源地之一，早在远古时期就有先民在这一片区域活动。沁河流域文明起源可以追溯到200万年前的旧石器时代中晚期，从青翠茂密的析城山到高耸入云的羊头山，从清澈的塔水河畔到肥沃的下川盆地，旷野里、岩棚下，到处都是古人类活动的身影。他们打制细小的石器，制成武器和工具，进行狩猎和采集活动。

人类最早的工具是由石块、木头或动物残骸中的骨、角等随处可寻的材料制成。在人类漫长的进化过程中，人们逐渐学会打磨石块，制作石器，于是有了石刀、石斧等武器，冷兵器时代拉开了序幕。旧石器时代人类主要用打制石器进行采集、狩猎活动。沁河流域晋城境内已发现旧石器时代遗址四十余处，其中塔水河遗址、西窑泉遗址、下川遗址等，都处于旧石器时代晚期。两百万年前在沁河两岸生活的古人已经懂得选用黑色的燧石为原料，用多种方式打制出不同类型的粗糙石器，包括刮削器、尖状器、石簇等，并将小石片、细石叶镶嵌在骨、木上作为复合工具使用。虽然制作受生产力的限制显得有些粗糙，甚至有的在现代人眼里就是一块普通的石块、碎骨，但是我们无法否认那些石器所代表的文化与文明。

（1）西瑶泉遗址

西瑶泉遗址位于晋城市陵川县西瑶泉后河自然村的河西岩岩崖上。在此处共发现3处旧石器时代晚期洞穴遗址，分别是后河洞遗址、麻吉洞遗址、麻节洞遗址，出土有动物化石、石制工具、用火遗迹。根据挖掘发现的一具有六枚牙齿的猿人下颌骨及肢骨、髋骨化石判断，迄今应有近两百万年的历史。

旧石器时代晚期的刮削器（摄于晋城市博物馆）

旧石器时代晚期的石簇（摄于晋城市博物馆）

西瑶泉遗址出土的尖状器（摄于晋城市博物馆）

西瑶泉遗址出土的刮削器（摄于晋城市博物馆）

西瑶泉遗址出土的石核（摄于晋城市博物馆）

（2）塔水河遗址

塔水河遗址位于陵川县夺火乡塔水河的"葫芦坝"，处在塔水河上游左岸Z字拐弯处。出土有人类颅骨化石碎片、石制品2000余件，动物化石多为角、牙齿和破碎的肢骨等。根据对地层岩石、动物化石和石制器具的分析，该遗址应属于旧石器时代晚期。塔水河遗址出土石器大部分为石

塔水河遗址出土的尖状器

塔水河遗址出土的刮削器

片，原料以黑色燧石为主，石器体积较小，形状也很不规则。大部分石器采用锤击法制成，少量采用砸击法。石器类型较为单一，尖状器制作，较为精良。

（3）下川遗址

下川位于中条山东麓的垣曲、阳城、沁水三县毗连处，以历山为中心，纵横20~30公里范围内，以沁水县下川乡遗迹保存最为完好。1970年考古学家发掘后，命名为"下川文化"，经碳14测定，距今2.3万至1.6万年。1974~1978年，经山西省文物工作委员会与中国社会科学院考古研究所先后发掘调查，认定下川遗址为旧石器时代晚期后一阶段以细石器为主要特征的石器文化。

下川文化遗址以下川盆地最为集中，盆地位于历山东麓，南向狭长约4.5公里，东西最宽处2公里，海拔1500米。细小石器为下川文化最具代表性的器物，包括典型的细石核和细石叶、圆头刮削器、石核式刮削器、雕刻器、琢背小刀、各类尖状器锥钻、石箭头等。

从下川文化遗址发现的细石器和古脊椎动物化石来分析，下川文化时期气候比现在温和，当时的人们生活在依山傍水的区域。在河湾一带，浅水里生活着螺和河蚌，深水中生活着鱼，近岸的水边长满了水草，山上覆盖着层层森林，山里生活着大象、犀牛，山前的草原上生活着大群的羚羊、斑鹿、野驴、野马等。这和传说中的舜耕于历山、渔于获泽的情况大体吻合，与历山和舜王坪的地貌亦大体相同，说明远古的泽州先民曾过着刀耕火种，捕鱼狩猎的氏族群居生活。

下川文化以打制石器为代表，可分为粗大石器和细小石器两大类，以细小石器为主体。细小石器以燧石为原料，器物类型达四十余种之多，有锥状、柱状、楔状和漏斗状等各种类型的典型细石核，还有细石叶和各种刮削器、尖状器、雕刻器，以及琢背小刀、箭镞、锯、锥钻等。其中不少是华北地区旧石器时代晚期同类遗址中所共有的，但有一些却是其他遗址所少有的。下川文化的细小石器中有许多器物加工细致，特征鲜明，制作技术相当高超。琢背小刀是下川文化的典型器物。将石片的一边轻敲细

下川遗址出土的锛状器

琢加工，使其变钝变厚，成为刀背，另一边则保持石片固有的锋利边缘，作为刀刃。锯是在石片的一侧或两侧做出几个齿，有的还带短把。雕刻器制作精细，尖刃明显，器型固定，为其他旧石器时代晚期遗址出土者所不及。三棱小尖状器和扁底三棱尖状器是制作最精细的微型尖状器，实为石器工艺之上品。石核式刮削器在下川遗址大量发现，这也是下川文化细石器的一大特征。粗大石器以砂岩、石英为原料，约占石器总数的4.7%。工具类型有尖状器、刮削器、砍斫器、石锤、研磨盘等。刮削器有锛刃状、椭圆形和直刃多种。

下川文化的发现，表明远在旧石器时代晚期，沁河流域古人的细石器工艺已经成熟，达到了旧石器时代石器制作技术的最高水平。下川大量出现细石器，也说明当时已经普遍使用刀、锯、短剑、弓箭、标枪等复合工具了，生产力进一步提高，社会经济开始了新的飞跃。

在进入新石器时代仰韶、龙山文化时期后，随着农业的发展，这一地区人类活动愈加频繁，历史文明愈加活跃，沁源、沁水、泽州、高平、晋城等地区文化遗存十分丰富。到了新石器时代晚期，人们临河而居，已经熟练地掌握了磨制石器的技能，能琢磨成较锋利的石质工具；同时也提高了用石质工具加工木器、骨器的技术，学会了烧制陶器，征服大自然的能力进一步提升。沁河流域由于其优越的自然条件，一直受到先民的青睐，成为早期人类的聚居区。技术的发展推动了兵器的产生。当时由生产工具转化成的兵器主要有：用于远射的木质或竹制的单体弓和装有石质或骨、角、蚌质箭镞的箭；用于扎刺的石矛或骨矛；用于劈砍的石斧、石钺；用于砸击的大木棒和石锤；用于勾砍的石戈；石质或骨、角质的匕首，等等。此外，可能还使用了原始的木弩以及可以抛发石弹的"飞石索"等。

同时，为抗御敌方进攻性兵器的杀伤，已经使用了原始的防护装具，主要有竹、木和皮革制造的盾，以及用藤或皮革制造的原始甲、胄。

新石器时代工具制作技艺有了很大的提升，先民开始有了固定的居所，磨制石器和陶器应用逐渐普及，农业和家畜饲养改善了人的饮食，推进了人类进化。沁河及其支流两岸分布着大量新石器时期遗址，遗址出土有大量制作精良的石斧、石铲、石刀等磨光石器及加工过的骨器。出土的陶器类型丰富，数量众多，有瓮、罐、鬲等器形，反映出这一时期人类适应环境、改造自然的能力大幅提升。

（4）和村遗址

和村遗址位于晋城市泽州县川底乡和村东南方的台地上。该遗址共发掘700多平方米、98座灰坑，有仰韶中期、二里头时期和两周时期多个时代的堆积，是沁河流域先秦时期居住遗址。

和村遗址出土的骨锥和陶球

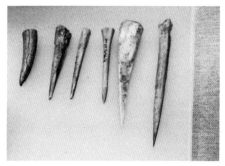

和村蹦迪址出土的骨锥与骨簇

（5）炎帝文化

沁河流域高平地区是炎帝文化非常集中的地区，如境内的羊头山、炎帝岭及数十座保存至今的炎帝庙等等，炎帝文化对沁河流域居民生活、信仰等影响极大。在中国典籍中，炎帝是中华民族的始祖，生活在距今约6000年前，与女娲、伏羲并称"三皇"。相传炎帝牛首人身，亲尝百草，用草药为人治病；他发明刀耕火种，创造了两种翻土农具，教民垦荒种植粮食作物；他还领导部落人民制造出了饮食用的陶器和炊具。炎帝部落后来和黄帝部落结盟，击败了蚩尤，被共同尊奉为中华民族人文初祖。据考古历史学推断，炎帝生活的年代相当于考古学中的新石器仰韶时期，晋城地区出土有大量石斧、石锄、石刀等文物，这些原始人平时用来翻耕土地、收割作物的农具就是后来兵器的原始形态。

沁河东岸的高平是炎帝早期活动的地区，境内现存供奉炎帝的寺庙就有30余处，因炎帝而得名的地名20处，保存有上自北齐、下至清末有关炎帝事迹碑记石刻100多处，全国罕见。海拔1300米的羊头山位于高平市神农镇，自古是泽州、潞州两郡分界地。羊头山最早见于《魏书·地形志》，上曰："泫氏，二汉，晋属上党郡治，有羊头山。"羊头山巅"秦高岭"上，有一尊以伏羊为底座的北魏造像塔，有专家认为以羊头为基座与炎帝神农部的羊图腾崇拜有着密切联系。高平炎帝陵位于高平城东北17公里处的庄里村，庄里村炎帝陵俗称"皇坟"，陵后有五谷庙。高平地区流传着很多与炎帝有关的传说。

耒耜 原始农业的刀耕火种，只能是广种薄收，而且经过多次种植的土地日趋贫瘠，收获量越来越少。这时，部落只有整体或部分迁徙，到新的地方披荆斩棘，烧荒垦土，刺穴播种，以取得更多的谷物。频繁的迁徙、繁重的劳动使先民疲惫不堪。为了让部落能够休养生息、安居乐业，炎帝决心改进耕种方法。《易经·系辞》说，神农"斫木为耜，揉木为耒，耒耜之利，以教天下"。《礼·含文嘉》说，神农"始作耒耜，教民耕种"，都讲到炎帝神农制作耕播工具——耒耜。

传说炎帝和大家一起围猪，来到一片林地。林地里，凶猛的野猪正在拱土，长长的嘴巴伸进泥土，一撅一撅地把土拱起。一路拱过，留下一片被翻过的松土。野猪拱土的情形，给炎帝留下了很深的印象。能不能做一件工具，依照这个方法翻松土地呢？经过反复琢磨，炎帝在刺穴用的尖木棒下端横着绑上一段短木，先将尖木棒插在地上，再用脚踩在横木上加力，让木尖插入泥土，然后将木柄往身边扳，尖木随之将土块撬起。这样连续操作，便耕翻出一片松地。这一改进，不仅深翻了土地，改善了地力，而且将种植由穴播变为条播，使谷物产量大大增加。这种加上横木的工具，史籍上称之为"耒"。在翻土过程中，炎帝发现弯曲的耒柄比直直的耒柄用起来更省力，于是他将"耒"的木柄用火烤成省力的弯度，成为曲柄，使劳动强度大大减轻。为了多翻土地，后来又将木"耒"的一个尖头改为两个，成为"双齿耒"。经过不断改进，在松软土地上翻地的木耒，尖头又被做成扁形，成为板状刃，叫"木耜"。"木耜"的刃口在前，破土的阻力大为减小，还可以连续推进。木制板刃不耐磨，容易损坏，人们又逐步将它改成石质、骨质或陶质，有的制成耐磨的板刃外壳，损坏后可以更换，这就是犁的雏形了。为了适应不同的耕播农活，先民们又将耒耜的主要组成部分制成可以拆装的部件，使用时根据需要进行组合。

有了耒耜，才有了真正意义上的"耕"和耕播农业。炎帝部落开始大面积耕播粟谷，并将一些野生植物驯化为农作物，如稷、米（小麦）、牟（大麦）、稻、麻等。后人将这些作物统称为"五谷"或"百谷"，并留下许多"神农创五谷"的美好传说。其实，生产工具的发明和改进以及野生动植物的驯化是人类在长期的生产实践中逐渐实现的，后人把这些成果归于炎帝，表现了人们对他的尊崇和对先祖的怀念。

耒耜在和平时期是生产所用的农具，在战争来临时又可作为上阵杀敌的兵器。《六韬·农器》曾记载周武王与姜太公的一段对话。武王问太公说："天下安定，国家没有战争，野战、攻城的器械可以不准备吗？防守御敌的设施可以不建造吗？"太公答道："战时的攻战守御器材，实际上全在平时人民生产生活的工具中。耕作用的耒耜，可用作拒马、蒺藜等障碍器材；马车和牛车，可用作营垒和蔽橹等屏障器材；锄耰等农具，可用作战斗的矛戟；蓑衣、雨伞和斗笠，可用作战斗的盔甲和盾牌；镢锸斧锯杵臼，可用作攻城器械；牛马，可用来转运军粮；鸡狗可用来报时和警戒；妇女纺织的布帛，可用于制作战旗；男子平整土地的技术，可用于攻城作战；春季割草除棘的方法，可用为同敌战车骑兵作战的技术；夏季耘田锄草的方法，可用为同敌步兵作战的技巧；秋季收割庄稼柴草，可用作备战的粮秣；冬季粮食堆满仓库，就是为战时的长期坚守做准备；同村同里的人，平时相编为伍，就是战时军队编组和管理的依据；里设长吏，官府有长，战时即可充任军队的军官；里之间修筑围墙，不得逾越，战时即是军队的驻地划分；运输粮食，收割饲料，战时就是军队的后勤储备；春秋两季修筑城郭，疏浚沟渠，如同战时修治壁垒沟壕。所以说，作战的器具，全寓于平时的生产生活之中。善于治理国家的人，无不重视农事。所以必须使人民大力繁殖六畜，开垦田地，安定住所，男子种田达到一定的亩数，妇女纺织有一定的尺度。这就是富国强兵的方法。"《太平御览》中则更直接地说出："兵器可以守国，耒耜是其弓弩，锄杷是其矛戟，簦笠是其兜鍪，镰斧是其攻具。"《墨子·节用》中有"古者圣人为猛禽狡兽暴人害民，于是教民以兵行。"这说明最早的武器，不是用来杀人，而是用来杀兽的。

原始社会为了争夺食物、领地等生产资料或维护统治地位，相互之间要进行残酷的争斗，在争斗的过程中带有锋刃的生产工具也被应用进来。在这一时期，杀人的兵器和生产的工具没有区别，以器击物为工具，以器击敌为兵器。

弓箭 炎帝属新石器时代晚期部落领袖，随着人口数量增加，部落领地范围日渐扩大，与周边部落之间的纠纷和武力冲突日渐增多，规模也不断增大，最终发展为部落之间的战争。这时，以生产工具作为兵器已经不能满足战争的需要了，于是有人以石、骨、角、木、竹等材料模仿动物角、爪等形状，采用刮、削、琢磨等方法制作兵器。

从考古发掘中，已获得了带锋刃的生产工具转化为兵器的资料。早在

《周易·系辞下》中就有炎帝"弦木为弧，剡木为矢"的记载，这也是弓矢早期的由来。据此记载我们可以了解到，原始的弓是将木质材料弯曲制造而成，矢是由削尖的木条制作而成。由于木质箭头难以保存，至今没有出土实物，所以具体年代难以断定。但石质箭镞在各地出土较多，如山西峙峪遗址曾出土距今三万多年的石质箭镞，是目前我国出土年代最早的石镞，证明至少三万年前山西古人已掌握弓箭的使用方法。考古学者在位于沁水县与阳城县交界处的下川古人类遗址中发现的石质箭镞也证明至少两万年前沁河流域古人掌握了弓箭使用方法。

石簇

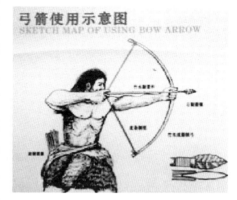

弓箭使用示意图

石铲和石锄　晋城地区出土石铲和石锄较多，石铲主要为方形，一般先经过打制成形，再磨光刃部。石锄则形状略似"凸"字形，器体不甚规整，大小不一，上半部凸出部分可安柄，刃部多有明显使用的痕迹。新石器时期生产力还不发达，工具分工也不特别明确，常常一种工具多种用途。石铲和石锄既可翻地松土，又能挖坑播种，是多用途的工具。据史料记载，石铲还是最早的治疗工具，在治疗中，就有铲筋疗法，石铲疗法更多地运用在少数民族特别是土家族中，是一种常用的工具，常常在筋骨疼痛后，用加热的石铲铲筋热敷，以减轻疼痛。晋城地区发现石铲和石锄的地方有高平的马村镇东周遗址、泽州的川底乡和村遗址等，其中晋城城区东上庄发现的石锄制作最为精良。

石斧　石斧是一种多功能的工具，既可砍伐，又可以挖掘。器体稍扁，窄顶宽刃，部分无侧棱面，剖面呈椭圆形；部分有侧棱面，剖面呈长

石刀

石刀
二里头文化晚期
残长4.6-18厘米，宽4.5-8.2厘米
泽州县和村遗址出土

方形，舌形刃，刃部普遍有使用痕迹。石斧在沁河流域的泽州、高平、阳城发现较多，又以高平的石斧制作最为精良。晋城地区还经常发现一种较小的石斧，材质一般为燧石。

石刀　沁河流域古人类文化遗址中发现了很多石刀，这些石刀打制规整，形态各异，有长方形、梯形等，有的穿一孔、两孔，有的不穿孔，刃部有明显的使用痕迹。石刀和石镰一样，是一种原始的农业收割工具，也可用于分割食物。在泽州县柳树口镇河东遗址、川底乡李庄遗址、和村遗址、高平市马村镇东周遗址、建宁乡建宁遗址上采集到了很多颇具特色的石刀器具。在沁水县郑庄镇张峰遗址有骨刀出土。泽州县柳口镇河东遗址出土的粗笨石刀与现代菜刀大小、式样十分相像。

2. 炎黄征天下　蚩尤做五兵

沁河流域是中华文明的发源地之一，蜿蜒的沁河水见证了华夏文明的萌芽、成长，华夏先祖围绕沁河独特的地理环境和丰富的自然资源创造了人类的奇迹，沁河沿岸的高平市境内就是炎帝曾率领子民刀耕火种、剡木为矢繁衍生息之地。至今，沁河两岸百姓之中仍广泛流传着炎黄与蚩尤的传说。

古人由刀耕火种的原始时代进化到会冶炼金属的青铜时代经历了漫长的岁月。随着生产力的发展和私有制的萌发，加速了原始社会的解体，社会群体形态开始由部落联盟向国家过渡，部落联盟之间不断发生激烈而残酷的原始战争，反映在中国的古代传说中，最著名的是四五千年前的涿鹿之战。在这次战争中，以黄帝为首的北方部落联盟战胜了以蚩尤为首的南方部落联盟。原始战争日益频繁而激烈，仅用有锋刃的生产工具已不能适应作战需要，这促使人们开始设计和制造专门用于杀伤和防护的特殊用具，它们逐渐与一般生产工具分离开来，于是出现了专用于作战的兵器。这一变化大约发生于原始社会晚期部落联盟向国家转化的过渡阶段，也正是古代传说中发生涿鹿之战的时候。因此，传说中常把兵器的发明归功于蚩尤，或者是黄帝及其臣子，这正反映了部落联盟间的战争与兵器出现的历史联系。

上古时期沁河流域属炎帝部落领地，神农炎帝以其德行、智慧领导部落，创造了陶器，开展种植、养殖，改善了人们的生活条件；研究草药医治疾病，受到部落百姓推崇和尊敬。炎帝部落在炎帝领导下日益富庶，但炎帝本身不善征伐，虽曾制斧斤，却为伐木之便，曾剡木为矢，却为狩猎之用。在炎帝传八九代后，势渐衰，受到九黎族压迫，为蚩尤所败。武力强大的外族入侵，炎帝部族难以抵御，数次征战，鲜有胜绩。此时，轩辕黄帝登上了历史舞台。

炎帝神农氏管治后期，中原各部族相互征战，神农氏难以管理，以致战乱不止。黄帝便乘时而起，打败不同的部族，其余部族的首领亦纷纷归附，于是形成炎帝、黄帝、蚩尤三部鼎足而立的局面。黄帝居中原。炎帝在西方，居太行山以西。蚩尤是九黎君主，居东方。炎帝与蚩尤争夺黄河下游地区，炎帝失败，向北逃走，向黄帝求救。黄帝在三年中与蚩尤打了九伐，都未能获胜。最后黄帝集结在涿鹿上与蚩尤决战，战斗十分激烈。黄帝在大将风后、力牧的辅佐下，终于擒杀了蚩尤，获得了胜利，统一了中原各部落。

《史记·五帝本纪》曰：

> 轩辕之时，神农氏世衰。诸侯相侵伐，暴虐百姓，而神农氏弗能征。于是轩辕乃习用干戈，以征不享，诸侯咸来宾从。而蚩尤最为暴，莫能伐。炎帝欲侵陵诸侯，诸侯咸归轩辕。轩辕乃修德振兵，治五气，艺五种，抚万民，度四方，教熊罴貔貅貙虎，以与炎帝战于阪泉之野。三战，然后得其志。蚩尤作乱，不用帝命。于是黄帝乃征师诸侯，与蚩尤战于涿鹿之野，遂禽杀蚩尤。

相传黄帝以玉为兵，习用干戈，以征四方。新石器时代晚期，制作精良的石制兵器在战争中起到了重要的作用，使用兵器的方法也相应出现。而金属冶炼技术的出现使得兵器的发展迈入新的阶段。

《越绝书》曰：

> 轩辕、神农、赫胥之时，以石为兵，断树木为宫室，死而龙臧。夫神圣主使然。至皇帝之时，以玉为兵，以伐树木为宫室，凿地。夫玉亦神物也，又遇圣主使然，死而龙臧。禹穴之时，以铜为兵，以凿伊阙、通龙门，决江导河，东注于东海。天下通平，治为宫室，岂非圣主之力哉？当此之时，作铁兵，威服三军；天下闻之，莫敢不服，此亦铁兵之神。

传说蚩尤为九黎氏族酋长、中国神话中的武战神，传说青铜兵器就是由蚩尤首创。蚩尤部落聚居在黄河下游地区，以凶狠残暴、英勇善战著称。蚩尤领导九黎部落兴农耕、冶铜铁、制五兵。他善使刀、斧、戈作战。

《管子·地数》曰：

　　脩教十年，而葛庐之山发而出水，金从之，蚩尤受而制之，以为剑铠矛戟，是岁相兼者诸侯九。雍狐之山发而出水，金从之，蚩尤受而制之，以为雍狐之戟芮戈。是岁相兼者诸侯十二。故天下之君顿戟一怒，伏尸满野，此见戈之本也。

　　据说蚩尤有八十一个兄弟，个个铜头铁臂，战斗力极强。蚩尤制造出青铜剑、戈、矛、戟、弩，并使用这些兵器先后打败二十一个部落，然后与炎帝大战，依靠强大的作战能力和制作精良的武器击败炎帝，于是炎帝与黄帝联合来战蚩尤。炎黄与蚩尤在涿鹿（今河北省境内）爆发了大战，双方相持了很长时间，最终黄帝先后杀死了蚩尤的八十一个兄弟，并活捉了蚩尤。在处死蚩尤后，因为害怕他死后作乱，在今运城解州将其身体肢解，血水化为盐池。由于蚩尤勇猛善战，而且发明了许多兵器，因此被黄帝尊为"兵主"，即战争之神。迄今，在山西许多村落中仍有祭祀蚩尤神的民俗活动。

　　传说蚩尤制造出五种兵器剑、戈、矛、戟、弩，称之为五兵，这是历史上最早记载的制式兵器的样式。后来随着技术发展，兵器的样式逐渐增加，对五兵的解释也多了起来。郑玄注《周礼·夏官·司兵》中对五兵的解释为戈、殳、戟、酋矛、夷矛。范宁注《谷梁传·庄公二十五年》中解释为矛、戟、钺、楯、弓矢。颜师古注《汉书·吾丘寿王传》中解释为矛、戟、弓、剑、戈。五兵又有车兵五兵与步兵五兵之分。《周礼·夏官》说："军事，建车之五兵。"据《考工记·庐人》记载，车兵五兵为戈、殳、戟、夷矛、酋矛，这五种兵器都插放在战车的车舆上，供甲士在作战中使用。据《周礼·夏官·司右》郑玄注所引《司马法》记载，步兵五兵为弓矢、殳、矛、戈、戟。其中殳、矛较长，戈、戟较短，弓矢是远射兵器。它是当时步兵的基本编制单位——伍的兵器装备。当时认为，由这五种兵器构成的梯次配置的组合体，可以充分发挥多种兵器协同作战的威力。由于兵器种类的增多，五兵逐渐成为对兵器的泛称，或直接代指军队。

五兵的产生及其衰落经历了一个漫长的历史时期。殳、戈、矛等武器无一不是从远古时的生产工具（猎具、渔具、农具）发展而成。随着生产方式的改变，铁器被应用到战场上。随着作战方式的变化，步兵取代车战队而兴起，它们或是进行改革后重新出现在战场上，如矛进化成枪继续成为杀敌利器；或退出战场，成为礼仪兵仗，如戈、戟经过精工细雕陈列在皇室、官宦之家，以显示其尊贵，殳则变成五色棒来增添衙门的威严。只有弓矢以其有效的远距离杀伤效果而一直在历代战争中使用，直至热兵器出现后才逐渐被取而代之。

五兵虽然在战场上被逐渐淘汰，但由于它翻开了中国兵器史的第一页而为人们所重视，并作为战争和生活用语的代名词如干戈、朱戟、矛盾等在诗书和生活中被广泛应用，也成为后人演练和健身的兵器。

3. 群雄征战　金铁交鸣

沁河是"天下之脊"，是"可望中原"的战略要地，是英雄逐鹿的角力场。"辅车相依，唇亡齿寒"的灭虢之战、"塞翁失马，焉知祸福"的韩原之战、"退避三舍"的城濮之战、"血染残阳"的长平之战等均显示了沁河之地的风云变幻、危机四伏。战争的频发使得沁河两岸英雄、智者辈出，既有郤克、梁兴、张铨等勇猛之士，亦有荀子、王国光等多谋之才，长期的战乱也使得兵器发展得以受重视，长平古战场仿佛依旧回响着金铁交鸣之声。

（1）五霸之首，战车称雄

东周时期，叔虞立国为晋，沁河流域得天独厚的自然环境与人文精神孕育了春秋五霸之首的晋国。《孟子》中记载，梁惠王就曾评价说"晋国天下莫强焉，叟之所知也"，而这正是晋国政治、经济、文化等各方面在军事上的集中体现。

晋国立国之初，国都就设在沁河西岸的曲沃、翼城一带，自晋献公起就以沁河流域为大本营开始大肆扩张，先后伐灭霍、魏（此魏非战国之魏国，却是其龙兴之地）、耿、虢、虞（借道于虞而灭虢，随后灭虞，唇亡齿寒的典故出于此）等诸侯国。强大的晋国，"西有河西，与秦接境，北边翟，东至河内"。晋文公即位后，晋国军事力量进一步提升，成为春秋时期第一军事强国，晋国大将赵盾以车八百乘平周乱而匡王，以诸侯而立天子，晋国的霸主地位达到顶峰。此时，车战为战争的主要模式，车也成为最重要的武器之一。《左传·僖公二十八年》记载了晋楚两国在城濮的一场激战。晋国一方联合了齐、秦、宋国，有战车700乘。中军以先轸为统帅，晋文侯也在中军。上军居右，狐毛为主将，狐偃辅佐。下军在左，栾枝为主将，胥臣为辅佐。楚国一方以陈、蔡、申、息为联军，中军由楚国本国若敖六卒组成，子玉为统帅；右军乃陈、蔡联军，子上统领；左军为申、息联军，子西统领。

四月四日晨，晋选中楚军的薄弱环节，下军佐将胥臣即率蒙着虎皮的马身战车冲向楚右军的陈、蔡联军，一击即溃。上军主将狐毛又树起二广告牌佯败，引诱对面楚左军追击。楚左军统帅子西上当，立即进击，势成孤军。晋中军主帅先轸抓住时机，率晋公族组成的精锐部队横击楚左军，晋上军狐毛、狐偃又回师夹击。楚左军大败，子玉见左、右军尽已失利，勉强收住中军，才没有造成全军覆没的后果。

城濮之战是晋楚双方主将智慧才干的博弈，也是双方战车的较量。春秋战国时期，战车是军队的主体，往往也是一个国家实力的象征，常以"千乘之国"、"万乘之国"来形容一个国家之大小。在城濮之战中，晋国出动了战车700乘，楚国也当与之相当。这一战发生在公元前632年。成公二年（前589），晋国又与齐在鞌发生战争，出动战车800乘。公元前529年，晋国陈兵于邾，出动战车4000乘。

根据考古发掘资料和历史文献的记载，西周以后的战车由四匹马驾挽，故称"驷马战车"，中间两匹称服马，两侧的叫骖马。车上三名车兵呈品字形站立，各司其职。中间的负责驾车，称"御"；车左侧偏后的以弓箭为主要兵器，负责远距离射杀敌人。车右侧偏后的用戈矛等长柄兵器，在两车冲锋左旋错毂时，近距离与敌人格斗，称"车右"或"戎右"。

如果是统帅所乘的指挥车，则统帅和鼓、丁宁等指挥系统居中，御手居左，戎右在右。城濮之战中晋文侯的战车就是这样，晋文侯居中，荀林父为御，魏犨为戎右。春秋战国的战车根据作战时的不同功用，形制有差，名目也不同。"轻车"，以灵活轻便为特点，适合驰骋突袭；"冲车"，车厢装甲，车𫐄（即车辕）用铜箍加固，衡两端加装矛刺，车轴两端装刀状车𫐅，服马披甲，适合正面攻击，陷阵攻坚；"戎路"，即指挥车，车上树旌设鼓；还有用于防守的"坉车""苹车"，运送草料辎重的"广车""柏车""大车"，用于登高瞭望、侦察敌情的"巢车"，等等。

战车作战还需要徒兵（步兵）配合，有学者研究，西周至春秋前期，一乘战车配备甲士七人，徒兵十五人，春秋中期以后，一乘战车最多配备七十二人协同作战。可以认为，一乘战车就是一个作战单位。若几百乘、上千乘战车作战，必须讲究战车编队和列阵，根据地形、作战规模、形式，或编双队，或编三队、五队，或多队。每队有战车五乘、九乘、十五乘、二十五乘不等，均根据战争需要而定。列阵是一种综合指挥艺术，更是对统帅才能、智慧的考验，要知天文，察地理，要了解敌我双方的兵力情况、战术特点，讲求短长相济，多兵种配合。其阵法有五阵、八阵、雁行之阵、鱼丽之阵、锥形之阵、方阵、圆阵，还有水阵、火阵等等。

战车的优势在于力量，在于迅疾，特别适合平原作战，在当时一乘战

巢车

车就相当于一座移动的战斗堡垒，远距离可用弓弩射杀敌人，近距离可用戈、矛、戟等格斗兵器砍斫、击刺敌人。因此车士的身份也高，多为诸侯、卿大夫的族属。装备的兵器、甲胄也很精良。车战的场面宏阔而惨烈。前面提到的鞌之战可作例证，记载见于《左传·成公二年》。这一战发生在公元前589年6月27日，鞌为齐地，在今天的山东济南附近。两军对阵，齐国国君亲自临阵，邴夏为其驾车，逢丑父为戎右。晋国郤克为主帅，解张驾车，郑丘缓作戎右。齐侯大意轻敌，狂傲地说："待我灭了敌酋再吃早饭。"随之马不披甲，就指挥战车冲向敌阵。其势如决堤之洪水，晋军一时为其压制，主帅郤克被流矢射中，鲜血一直流到了鞋子上，仍击鼓不止，马奔跑不止，全军跟着往前冲。齐军大败，晋军挥师追击，围绕华不注山转了三周才罢休。

在鞌之战中，排除其他因素，齐侯的盲目轻敌是其失败的主要原因。晋方指挥车上，主帅郤克、御手解张、戎右郑丘缓三个人密切合作，促成了战争的胜利。另外，我们也看到了战争的残酷、兵器的锐利。春秋战国时期，各国都有国家专门的兵器制造机构，都把最先进的科学技术用到了兵器制作上。在当时，秦国的弓、韩国的弩、吴越的刀剑等非常有名，乃至在屈原《楚辞·国殇》中都有颂咏，称为吴戈、犀甲、长剑、秦弓。车战是一种特殊的作战形式，对战法、战技有着严格的要求，因而渐渐地发展出了一系列适合车战用的兵器，这类车战兵器讲究短长相济，远射兵器张力要适当，射程要远，格斗兵器柄要长而不易折断，防护装具要能有效地保护车士，也就有了历史上的"车之五兵"之说。

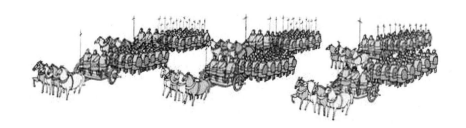

鱼丽之阵

　　战车与车战起源于何时，战车以及战车用兵器又是怎样发展的呢？有人认为夏代就有了战车，见于古代典籍记载"奚仲作车"，并且还做了夏朝的"车正"。但说夏代有战车，缺乏考古资料支持，证据不足。到了商代晚期，战车及车战兵器已步入发展阶段，车战也有了相当规模，已是铁的事实。《史记·周本纪》记载，周武王姬发灭商纣时，出动了"戎车三百乘，虎贲三千人，甲士四万五千人，以东伐纣"。在殷商末期，周人只是西北地区的一个部族，尚可出动战车300乘，商王朝拥有的战车数量当更多。在考古发掘资料中也屡有发现。据统计，自20世纪50年代以后，以河南安阳殷墟为中心发现了商代晚期的马车20余乘，都是双轮独辀，由两匹马驾挽。其中6乘在车厢内或附近出土有数量不等的兵器，当为兵车之属。

　　早期战车为二马战车，车厢较为简陋，与普通马车区别不大，车战武器也较为单一。后来逐渐发展为驷马战车，战车上也开始增加金属装甲包裹，战车变得更为快速和坚固。车战武器也逐渐丰富，以戟、矛为主的长柄兵器与短柄戈类兵器的组合日渐形成，提高了战车的攻击性能。

　　戈，其实是鹿下颌骨的仿生品。在原始时期，这种半边鹿下颌骨就是人们普遍使用的骨武器，在山顶洞人的山洞中即有发现，用途为狩猎。后来在木棍一端横绑上尖锐的石刀成为打猎的工具和进攻的武器。在商朝至战国时期，车战在战争中获得巨大的成果，戈可击可钩，成为当时的主流兵器。在方阵进攻时，战车部队正面出击，高速闯入敌阵，站在车上的戈兵借助车势用戈头"收割"车边敌人的头颅，就像镰刀一样。人类战争开始后，戈即用于战争，是最早的兵器之一。

　　后来为了加强兵器的杀伤力，将矛与戈相结合，产生了戟。戟是一种既可刺杀也可钩啄，具有双重性能的兵器，能够明显提高战斗效能。《说文解字》载："戟，有枝兵也。"是一种戈的秘顶有矛形尖刺装置的兵器，少数是戈和刀的合体。春秋中期，用戟的史实在《左传》中亦多有记载，如鲁宣公二年（前607），郑伐宋之战，"郑人入并，（宋狂狡）倒戟而出之"，这是宋军用戟的证据。又如鲁襄公二十三年（前550），

晋国发生栾盈之乱，范
鞅与栾乐格斗时，栾乐
兵车倾冠，范鞅手下兵
卒"或以戟钩之，断肘
而死"，证明晋军装备
有戟。再如《曼子春
秋·内篇杂上》记有齐
崔杼弑齐庄公之后，劫
持齐将军大夫盟会时宣

金属装甲战车

布"有敢不盟者，戟其颈"，说明齐国也用戟作兵器。但出土文物表明，
戟在春秋时还不是形制完备的兵器，即戈头和矛头是分别铸制的，然后再
联装在木杆或竹竿上。又春秋晚期，在长江流域的楚、随、吴、蔡诸国，
还出现了三米左右的柄上联装两个或三个戈头的戟，称为"多果（戈）
戟"，钩割效果较好，是重要的车战兵器。由于戟较戈和矛的杀伤效能更
佳，故很快得到推广应用，到了战国时期，已基本上取代了戈的地位。

　　战车虽然是作战的利器，但也有其明显的弱点，就是受地理条件的
局限，不适宜山地和丛林作战。昭公元年（前541），晋国与狄人作战，
魏舒为帅，因地形险隘窄仄，"乃毁车以为行（舍弃战车，采用步兵阵
法作战）"，取得了胜利。随着骑术的开发、铁器的发展，战车与车战

武器在战国后期逐渐日
薄西山，至西汉中期汉
武帝北击匈奴，卫青、
霍去病率数十万骑兵作
战之时，车仅作为运输
粮草辎重或构筑营垒之
器具，战车逐渐退出战
场。

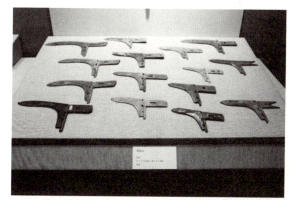

青铜戈头

（2）胡服骑射

战国时期，沁河上游的赵国虽以农耕为主却频繁接触游牧习俗，通过抗击胡骑袭扰也体会到其"来如飞鸟，去如绝弦"的优长。十五岁的赵雍继位时，赵国正处在国势衰落时期，就连中山那样的邻界小国也经常来侵扰。其疆域只限于如今的河北中南部和山西北部，军队与其他列国一样，仍由车兵、步兵构成。在和一些大国的战争中，赵国常吃败仗，大将被擒，城邑被占。

赵国地处北边，经常与林胡、楼烦、东胡等北方游牧民族接触。赵武灵王看到胡人在军事服饰方面有一些特别的长处：穿窄袖短袄，生活起居和狩猎作战都比较方便；作战时用骑兵、弓箭，与中原的兵车、长矛相比，具有更大的灵活机动性。为了改变小国弱势，赵武灵王决定让本国的精锐全部弃车乘马。

马以其快捷健走、力大温良的优点，很早就为人类所认识。此前人类虽驯养马匹千年，却只能耕田驾车，因未解决鞍具无法骑驭。春秋和战国前期，马拉战车成为军队主力，其冲击力和速度超过步兵，却因道路所限难入山地丘陵，呆板的车战、步战使军事机器运动迟缓，而此时动辄几十万的军队中，骑兵往往不过千骑。目睹过胡人穿短衣长裤骑马便捷的赵武灵王，决心改变几百年相传的军制，实行由车战向骑战的转变。他选择靠近河套的草原训练骑兵，并让国内作坊制作马具，建立起华夏民族最早的一支骑兵。在赵武灵王的亲自教习下，国民的生产能力和军事能力大大提高，在与北方民族及中原诸侯的抗争中起了很大的作用。从胡服骑射的第二年起，赵国的国力就逐渐强大起来。后来不但打败了经

青铜马衔

常侵扰赵国的中山国，而
且夺取林胡、楼烦之地，
向北方开辟了上千里的疆
域，并设置云中、雁门、
代郡行政区，管辖范围达
到今河套地区。

马衔，俗称马嚼子，
是连着缰绳套在马嘴上的
金属部分，借以控制马匹
的活动。

青铜当卢

当卢，是马头上的装饰品，一般缀在马衔或络头上，是马额头中央的
金属装饰物。

赵国训练的强大的骑兵队伍改变了原来军队的装备，成为军事史上一
项伟大的变革。《史记·赵世家》说，王曰，"今吾将胡服骑射以教百
姓"。又曰，寡人"变服骑射，以备燕、三胡、秦、韩之边"。顾炎武认
为："骑射所以便山谷也，胡服所以便骑射也。"出土的竹简本《孙膑兵
法》也说："易（平地）则多其车，险则多其骑。"传世的《孙膑兵法》
更对骑兵之利极口称道："夫骑者，能离能合，能散能集。百里为期，千
里而赴，出入无间。"（《通典》卷一四九引）。随着无法适应山地作战
的战车在战国以后逐渐被所骑兵取代，兵器也由钩兵转变为刺兵。矛是稍
晚出现的一种带有青铜矛头的直刺兵器，与钩杀兵器戈相辅相成，是长柄
兵器中最主要的两类。

（3）长平之战

赵国是战国七雄之一，国君原为晋国赵侯，战国初期赵与韩、魏完成
"三家分晋"，成为战国时期的新兴国家。赵国自赵武灵王实行"胡服骑
射"军事改革以来，国势日渐强盛，对外征战胜果颇多，赵武灵王甚至
亲自乔装为使者入秦考察，意图覆灭秦国。秦国位于赵国西部，属于当
时中国边缘地区，秦穆公励精图治，逐渐使秦成为当时第一强国。秦昭王

青铜矛头

时，秦国加快兼并六国的步伐，数次击败楚、韩、魏、赵等国，获取了大量国土。公元前270年，秦军攻赵，被赵国大将赵奢击败，秦王转而采用范雎"远交近攻"的策略，与齐楚联合，先攻韩魏。

赵孝成王四年（前262），秦军攻占韩国野王地区（今河南沁阳）。野王降秦，韩国上党郡与国内联系被截断，韩国上下大为恐慌，国君决定将上党郡献给秦国，以息秦兵。上党郡守冯亭不愿降秦，决定利用赵国力量抗秦，遂派使者向赵请降，赵王欣然接受上党郡十七座城池，赵国命廉颇率军驻守于长平（今高平市西北）。秦君震怒，于公元前260年命令左庶长王龁率军再攻上党，上党百姓纷纷逃亡到赵国境内。廉颇自知野战难敌秦国，于是依托有利地形高筑营垒，与秦国形成僵持之势。秦丞相范雎派人携千金赴赵施反间计，七月，赵人换将，以赵括代廉颇出战。赵括主动出兵攻秦，大败，赵括被射死，赵军无主将指挥，四十多万士兵向秦将白起投降。白起用计将赵国降兵全部活埋。

长平之战秦国先后杀赵国士兵四十多万人，秦军也伤亡大半，是战国史上最大规模的战争之一。至今在高平市永录村所遗留的尸骨坑中有大量断裂的遗骸、残破的箭头。战国末期，步兵兴起，步战逐渐取代车战成为主要的战斗方式，长平之战即是以步兵为主要军事力量的战争。步兵使用远射兵器为弓、弩，长短兵器搭配，戈矛剑盾等得到发展，特别是剑和弩，在这一时期有极大的发展。

秦军扫六合而得天下，兵威之猛，世所罕见。秦军可以说是中国历史上战斗力最强的军队之一，其辉煌的战绩令人瞠目结舌。秦弩是秦军得以称霸天下的最著名武器，两千余年前的秦国依靠强大的秦弩而威震四海，它使秦国十年扫六合，河套败匈奴。秦对弩的大量使用得益于标准化的大量生产，弩机各部件的规格都是全国统一，大量的弩兵组成的秦军箭阵成为大秦帝国的缩影。但战国时期最为精良的弩却产自沁河流域的韩、魏等国。纵横家苏秦有言："天下之强弓劲弩皆从韩出。"魏国虽然常吃败仗，但其步兵依然拥有最精良的武器，"操十二石之弩，负矢五十个"。（《荀子·议兵》）

青铜箭镞

青铜弩机（摄于晋城市博物馆）

弩，是一种由弓演变而来带有控弦装置并可以延迟发射的远程武器。汉代的《说文》曰"弩，弓有臂者"；《释名》称"弩，怒也，有势怒也"，意思就是弩是一种带有机具且威力大于一般弓的武器，所射出的箭有怒不可遏之势。其实，我们的先民在射箭时很自然地感到在引弓时既要用力拉弓，又要用眼瞄准，很容易因为双手抖动而不能射中，于是就在弓上加了个木臂，在木臂上安个"机"，这样原始的弩就出现了。与弓相比，弩有很大优势：一是增加了延时装置，用弩机牙扣住弓弦，伺机扣动扳机即可发射；二是增加了瞄准装置的望山，有了规定发射方向的箭槽，大大提高了命中精度，三是弩不只靠臂力，还可以用脚踏等方式增加拉力，有的大型弩还可借助机械设备张弦，弩也因此可分为臂张弩、蹶张弩和腰开弩等几种。弩的优长是操作方便，一般人很容易上手，沁河流域的韩国曾装备威力强大、用脚踏张的弩，文献中曾记载：韩国的劲弩能射到六百步之外，"韩卒超足百射，百发不暇止，远者括蔽洞胸，近者镝弇心"。战国末期各国军队中都普遍装备了强弩后，传统的战车无法与之抗衡，这也成为战车被淘汰的要因。

盾，古代又称为"干"，干、戈是古代常用的兵器，因此"干戈"常代指兵器。早在甲骨文中就有"干"字和"戈"字。"干"最初是带有分叉的长木棍，用以阻挡野兽或人的攻击，是人类最早的防御武器，后来在"干"上绑上木棍或皮革，以提升防御效果，进而演化为盾。

3. 看家护院　民间传承

湍湍沁河水，巍巍太行山，给予了沁河儿女敦厚淳良的山性，也给了他们悍勇无畏的武风。沁河儿女勇武善战，《史记·苏秦列传》载："韩卒之勇，天下莫能当。"沁河儿女聪慧手巧，善制良器，所制弓弩"溪子、少府、时力、距来，皆射六百步之外"；击短有利剑，"皆陆断马牛，水击鹄雁，当敌即斩坚"。

真正的兵器最早产生于民间。《太平御览·兵部七〇》引太公《金匮》云：

> 守战之具皆在民间，耒耜者是其弓弩也，锄耙者是其矛戟
> 也，蓑笠者是其兜鍪也，镰斧者使其攻战之具也，鸡狗者是其钲
> （一种汉族古乐器，用铜做的，形似钟而狭长，有长柄可执，口
> 向上以物击之而鸣，在行军时敲打。）鼓也。

沁河流域资源丰富，上党高地又是交通枢纽，富商巨贾往来繁多，这给了沁河人富足的生活，同时又成为强盗、悍匪眼中的"香饽饽"，于是沁河人强身习武，修城筑堡，冶金铸剑。明末李自成大军虽以纪律严明著称，但经上党之时，其所过之处，"凡有身家，莫不破碎；衣冠之族，骚

然不得安生，甚则具五刑而死者比比皆是"。正因为如此，强身习武与铸造武器成为沁河人生活中的必备之事，至今仍有许多流传于民间的古代兵器寒光凛冽。20世纪80年代在对武术和古兵器的整理和统计工作中，整理古兵器28种、100多件，其中既有春秋大刀、三叉、大枪等长兵器，也有七星剑、判官笔、双锏等短兵器，更有飞花斧、飞花刀等罕见兵器。

在修筑有城墙堡寨的地方，更少不了守城兵器的护卫。明朝末年，官吏腐败，流寇作乱，沁河流域由于商贾云集，更成为农民起义军以及当地流寇劫掠的重地。陕西流民武装屡次入侵晋城，攻城略地，烧杀抢掠，当地的士绅、村民为求自保，便自发地将原有的村落改建成具有防御功能的城堡。最早由明代户部尚书张五典修筑窦庄古堡成功抗拒流寇启发了周围村庄，沁河两岸屯城、上庄、皇城、郭峪、砥洎城等一座座城堡式建筑拔地而起。

河山楼是皇城相府（又称午亭山村）的标志性建筑，名取自"河山为固"之意，是崇祯五年为抵御流寇侵扰，由陈家昌言、陈昌期、陈昌齐三兄弟合力建造，高三十多米，是皇城相府中最高的建筑。河山楼高达七层，可同时容纳千余人避难，历经近四百年的风雨沧桑，仍旧巍然屹立，雄踞一方。河山楼中藏有水井、碾、磨等生活设施，储备有大量粮食，还有大量守城兵器。

高平毕舒连出生于1957年，北诗镇炉引村人，师从毕玉山、毕元枝，善使羊角拐。毕玉山是天津海河下秦家庄人，武艺超群。毕家双拐以打、

河山楼内兵器架

河山楼内兵器

河山楼所藏士兵刀　　　　　　　　　流传于高平的羊角拐

挂、撩、挑、拨、架、缠头花等用法，配合步型、步法、身法的变化进退自如，攻守兼备。练习时要求拐随身走，手腕有力，身法柔软，灵活多变。其动作招式有左打右打、右撩左撩、回头望月、双膝翻拐、二郎担山、怀中抱月等。

　　沁河流域自古就有发达的冶炼业，在两千多年前的战国时代就盛行冶炼。明清时沁河流域自然灾害少，土地肥沃，成为人口大量迁入的地区，至今在安泽等地仍有大量祖籍山东、河北、河南、陕西等地的移民。大量的移民使这里的冶炼业吸收了各地优秀的工匠和技术，"九头十八匠"闻名全国，"大德"钢针畅销海内外，"泰山义"剪刀名扬天下。大批铁货北上内蒙古，南下广东，西去甘肃，就连不起眼的钢针都能远出国门，卖到东南亚一带。

　　相传，金代时的泽州是金国经济最富庶的地区之一，也是金国与宋朝军事对峙的前沿阵地，为了保证战争对铁制兵器的需要，金国的奴隶主将领将各地的匠人抓来泽州，在这里设立了"头下军州制度"。大元帝国与南宋对峙时，泽州又成了元与宋交战的前沿阵地，元代的奴隶主军事首领继承了金代的头下军州制度，建立了匠户制度，由此形成了晋城的"九头十八匠"。至今，晋城市以"头"、"匠"命名的村庄众多，印证了当年晋城冶炼行业的繁荣昌盛。从上古流传下来的一副对联可基本确定"十八匠"是哪些村子。这副对联的上联是："冯吕苗郜夏马牛"；下联是："孔申司孟谢武侯"；横批是"金江郝段"。

晋城市所有带"头"字的地名有：岗头、道头、佛头、椿树头、二圣头、洞头、谷堆头、尧圣头、花园头、尧头、大坡头、渠头、庄头、水磨头、坛岭头、庵头、寺头、石伏头、坪头、西岭头、马坪头、下窑头、焦窑头、马窑头、石淙头、宋壁头、窑头（周村公社）、望头、坡头（大箕公社）、横道头、石合头、将军头（南岭公社）、西凰头、东凰头、望兴头、大池头、韦头、泉头、冶头、坂头（南河西公社）、黄头、大岭头、山头、铺头、西街头、将军头（铺头公社）、坂头（铺头公社）、大峰头、小峰头、坂头（东下村公社）、店头、坂头（柳口公社）、窑头（柳口公社）、坡头（柳口公社）、大井头。

晋城市所有带"匠"字的地名有：夏匠、冯匠、部匠、苗匠、西吕匠、西马匠、孔匠、牛匠、南马匠、段匠、司匠、西谢匠、东谢匠、郝匠、东吕匠、苇匠、西武匠、东武匠、金匠、申匠、江匠、王匠、岳匠、孟匠、侯匠、祁匠。

是不是那场旷日持久的战争造就了铁器的成熟，塑造了千千万万的匠人，由此产生了匠村呢？

4. 地下黑金　制器之材

古人认为制作器物应遵循四个原则：天时、地气、材美、功巧。

沁河两岸矿产资源丰富，冶炼制器业在这里自古以来就占有重要地位，山灵水秀之地有优质的矿产，加上智慧的人民传承下精良的制器工艺，使这里出产的兵器锋利坚韧。正如周朝著作《周礼》中所说："郑之刀，宋之斤，鲁之削，吴越之剑，迁乎其地而不能为良，地气然也。"《史记·孝武本纪》记载说皇帝采首山之铜，铸鼎于荆山之下，其中首山即沁河西岸中条山地区。

山西历史上冶铁业发达，在《山海经》中就曾有记载山西"少阳之山多美赭"，其中"美赭"就是指优质的铁矿。沁河上游的太岳山蕴藏

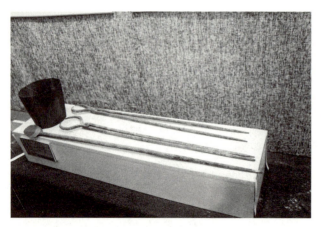

泽州冶炼工具

着丰富的煤、铁、石膏、石英砂岩、硅线石、石灰岩、白云岩、磺硫、铁矿、耐火黏土等多种矿物资源。

战国时期是中国历史大变革时期，又是奴隶制社会向封建社会过渡的时期，长期频繁的战争客观上推动了兵器铸造业的发展，提升了兵器制造的技术，形成一个大发展时期。三晋地区尤其征战频繁，加之坐拥煤铁等矿产资源，使其在战国时期冶铸业十分普遍。韩国就生产锋利的铁兵器，在晋城大阳地区就有"阳阿之剑"的出产，韩国铸造技术在当时处于领先地位，铸造的兵器在当时非常有名。

《战国策》中记载有苏秦对韩国的描述：

> 天下之强弓劲弩皆自韩出……韩卒之剑戟，皆出于冥山、棠溪、墨阳、合膊、邓师、宛冯、龙渊、大阿，皆陆断马牛，水击鹄雁，当敌即斩坚。

沁河处于中条山以北，太行山东南部地区，先秦时期铜矿资源丰富，开发利用也早，当时在沁河流域已经出现了优秀的冶铁铸造兵器的技术，普通兵卒都能装备，说明当时产量已经有相当的规模。

当时的技术人员称为"工师"，是指铸造过程中负责审核原料、监督工人操作、检查产品质量和上报成果的人。

《吕氏春秋》记曰：

　　是月也，命工师，令百工，申五库之量，金铁、皮革筋、角齿、羽箭干、脂胶丹漆，无或不良。百工咸理，监工日号，无悖于时；无或作为淫巧，以荡上心。

秦国的工师在当时待遇很高：

　　新工初工事，一岁半红（功），其后岁赋红（功）与故等。工师善教之，故工一岁而成，新工二岁而成。能先期成学者谒上，上且有以赏之。盈期不成学者，籍书而上内史。

　　魏晋南北朝时期，山西铁器发展成熟。北齐时期，在阳城、泽州地区冶炼业非常发达。《隋书·百官志》载北齐在今固隆乡白涧村设有冶铁局，委有冶官，是北齐七大冶铁局之一。据阳城县志记载，当时阳城已有圆炉炼铁。据县志记载，沁源有铁水沟，为早年当地人炼铁，致沟内水呈褐色而得名。《魏书·食货志》称："铸铁为农器兵刃，在所有之，然以相州牵口冶为工。"《北史》卷89记魏齐之际，綦母怀文制造宿铁刀很有名，"其法，烧铁成精，以重柔铤，数宿则成钢。以柔铁为刀脊，浴以五牲之溺，淬以五牲之脂。"这是一种和铸铁脱碳、生铁炒炼不同的新的制钢工艺。先把生铁熔化，浇灌到熟铁上，使碳渗入熟铁，增加熟铁的含碳

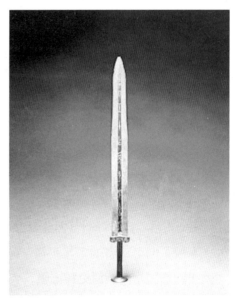

春秋后期时期之少虚剑，长54厘米，宽5厘米，重0.88千克，李峪村出土

量，然后分别用牲尿和牲脂淬火成钢。牲畜尿中含有盐分，淬火对比水冷却快。淬火后的钢质坚硬；用牲畜脂肪淬火时冷却馒，因此钢质柔韧。经过这两种淬火剂处理后，钢质柔韧，刀刃刚柔兼得，可以"斩甲过三十扎"。这在兵器制造上是一项重大的发明。唐代山西冶铁铸造业达到新的高峰，山西记载的冶铁业发达的县就有岳阳（今安泽）、阳城等地。

宋代全国的铁器产量居当时世界首位，山西制铁，潞安、泽州最盛。明代中国工矿冶炼业得到飞速发展，明永乐三年（1405）至明宣德九年（1434），全国铁产量由114万斤增加到833万斤，增加近7倍。明天顺五年（1461），仅阳城一县产铁就达700~900万斤，已等于17年前全国的铁产量。晋城是当时全国铁生产中心之一，一个个生产工场都是有序管理：八个方炉设一大柜，供应四个炒铁炉和一个铸锅炉；四个炒铁炉供十六个条炉和一个圪渣炉（处理次铁），各设一大柜；经理、采购、会计、保管分工细致。

清代中期，沁河流域所出铁货交易，年均超过1000万两白银。上党地区流传着"高平铁，晋城炭"的谚语。晋城泽州凤台县，制钢针、卖钢针，资一艺以终生者，比比皆是。从现保存在西镇针翁庙里的重修庙碑里，可以看到当时经营制针的商号在该镇有39家，其中上村10家，中村5家，下村9家，南庄8家，河东3家，湾里3家，史村、张庄、赵庄各1家，此外以个人名义经营的小手工业者共百余家，加上邻县的制针业，总共有二三百家。泽州大阳一带的平民无论男女老幼都要参加劳动，晚上到处都能听到隐隐的锤敲钻磨声。大阳钢针以榆林府为中心行销西北各省，南方以周口店为中心转销华南，而黄河流域是大阳钢针主要销售市场，还有一部分销往国外。

阳阿古县：位于泽州县西北部25公里处的大阳镇，是一个历史悠久，人文丰厚，闻名三晋的千年古镇。它是我国古代最早的冶炼之乡，并有"九州针都"之称。据史料记载，大阳早在西汉初年（前206），就被汉高祖封为阳阿侯国，并封卞诉为阳阿侯。后汉设为阳阿县，直到隋文帝统一全国后，才于开皇三年（583）废县治，从而大阳先后为高都郡和泽州

县所管辖，其县治从西汉至隋朝历经700多年。明清时期，镇内人口不断
增加，村镇规模不断扩大，逐步形成了"户分五里、人罗万家，生意兴
隆，商贾云集"的大集镇。大阳的辉煌历史，可以追溯到春秋战国时期。
它的采矿炼铁业几乎与中华民族的冶炼史同步兴起。村周围丰富的煤炭和
铁矿资源，为冶炼业的发展提供了极为便利的条件。《山海经》曾记：
"虎尾山之阴有铁矿"，指的就是大阳至今还仍在开采的虎尾山矿区。晋
国最早使用的炼铁鼓风炉，首先在大阳发明和使用。连战国最著名的"阳
阿古剑"也产自这里，它刀刃锋利，削铁如泥，当时的大阳已成为北方各
诸侯国制造兵器所需生铁的重要产地。明、清两代，大阳的采煤、炼铁
和铸造行业最为鼎盛，不仅产有铁锅、铁钉、铁锁等生活用具，而且镰
刀、斧头、铁锹、犁铧等农具样样齐备。每年山西、河南、河北，甚至
西北的青海、甘肃、新疆的大批商人都来到大阳，进行热闹的铁货交易。

七、武将：运筹帷幄 一劳永逸

青山为伴、绿水环绕的沁河古堡自然风光无限精彩，但交通不便的困难也客观存在。高官辈出、富贾频现的经济状况使沁河人成为别人眼中"羡慕嫉妒恨"的对象，也成为盗贼眼中的香饽饽、强匪心中的主攻地。

在那个官府只能提供城镇保卫的时代，各村建设防御性的古堡成为一种必然趋势，但古堡只能提供一种防御空间，真正决定防御结果的始终是"人"！如在农民起义军攻打沁河流域古堡时，窦庄因"窦夫人"而得以保全，而周边村落却遭受重挫。

因此，在修建古堡的同时，强族御敌的思想就扎根在沁河人的心中，逐渐融入沁河人的血液，并逐渐成为民风。从文献查阅、田野调查中，沁河人以武扬威的豪杰比比皆是，凭武御敌的故事层出不穷。

1. 以武扬威　光耀沁河

"习得文武艺，货卖帝王家。"入仕为官是沁河流域人的理想，学文者自是全力以赴，习武者也是尽力而为。纵观沁河历史，名相层出，张五典、孙居相等无不青史留名，光宗耀祖；再看沁河千年，名将辉映，郤克、张铨等也精忠报国，毫不逊色。

（1）兴晋名帅：郤献子

郤克（？—前587），又称郤献子，祖上为姬姓晋国公族，后叔虎因军功封于郤邑（山西泌水下游一带），后人称郤氏，之后另立宗庙。郤克生于官宦世家，其祖父郤芮在晋惠公时为大夫，其父郤缺曾为晋国上卿。晋襄公元年（前627），晋与狄战于箕（今山西蒲县东北），郤缺擒获白狄的首领，晋灵公六年（前615），任上军主将。九年（前612），兼帅上下两军伐蔡，使其订城下之盟。晋成公六年（前601），任中军元帅，掌晋国大政。

公元前597年初，郤缺去世，荀林父继任为中军元帅，楚庄王听说后决定乘虚而入。开春后，楚庄王亲自率领楚军主力北上，征讨郑国，发动了这些年来最强烈的一次进攻。楚军围攻了三个月，攻入郑国。直到6月初，晋国在办完前任中军元帅的丧事、重组六卿后，由荀林父带兵南下，与楚军会猎于郑国。晋楚决战，晋军内部不和，先氏将领不听号令、各自为政，导致晋军兵败如山倒。郤克在战争中正确的分析了两军形势，提前埋伏好伏兵，在楚军总攻后命令伏兵杀出，挽救了大量晋军士兵性命。尽管晋军惨败而归，但是郤克的表现很抢眼，这也为他的未来发展铺平了道路。

在邲之战败后先氏回国，整日心惊胆战，深恐受到牵连。于是他勾结戎狄，进攻晋国。阴谋失败后，先氏惨遭灭族，退出晋国政坛。郤克顺势被提升为上军将。前594年，中军元帅荀林父消灭潞国，自认为部分弥补了邲之战的罪责，宣布退役。郤克又进一步成为中军佐，直接辅佐士会执政。

晋国派郤克出使齐国，郤克在去临淄的路上刚好碰到了同往齐国朝见的鲁国季孙行父、卫国使臣孙良夫。于是三队人结伴而行，浩浩荡荡地来到齐国朝堂，会见齐顷公。郤克天生驼背，走路一瘸一拐，在齐国的朝堂上走路的姿势不怎么好看，颇为滑稽。齐顷公回去对母亲说起，母亲同意第二天她也来看看笑话，齐顷公开始导演一出恶作剧……第二天，齐顷公安排一个驼背的侍从领着本就驼背的郤克、一个瘸子领着略有瘸腿的季孙行父、一个独眼龙侍从领着瞎了一只眼的孙良夫出现在朝堂上。齐国朝堂之上，人人大笑不止。三位使臣这才察觉到被齐侯恶搞，都愤愤不平，于是他们约好有仇一起报。

公元前589年春，齐倾公亲征，攻击鲁国。鲁卫两国联盟抗齐，无奈实力不济，两军皆败，于是到晋国求救。晋景公决定讨伐齐国，打压齐国的嚣张气焰，由郤克挂帅。齐晋两军势均力敌，战斗十分激烈。郤克在战斗中不幸被流矢击中，鲜血流得战车上到处都是。而郤克的御戎解张与车右郑丘缓都各自勉励，驾驶着帅车，直冲入齐军阵中。郤克满怀仇恨，仍然坚持作战。晋军本来就很耐苦战（在周代，晋国军队长期与戎狄交手，其作战之勇猛可谓天下闻名，是楚军、秦军所不能及的），将士们一看自己的主帅身先士卒，如此英勇，个个奋勇当先，勇猛冲锋，晋军士气大振。齐顷公见难敌晋军，转身逃跑，齐军士卒见主帅逃跑，皆军心涣散，无心再战，齐军大败。此后二十年间，齐国都没有再与晋国相争。

郤克一生颇有才能，且军事、政治、外交都能胜任。《国语·晋语五》载："鞌笄之役，郤献子见，公曰：'子之力也夫！'对曰：'克也以君命命三军之士，三军之士用命，克也何力之有焉？'"郤克不居功不自傲，懂得礼让，具有国士之风。《左传》鞌之战载："及卫地，韩献子将斩人，郤献子驰，将救之。至，则既斩之矣。郤子使速以徇，告其仆曰：吾以分谤也。"郤克不固执不坚持，懂得谋略，具有大家风范。其继父之后执政晋国，志在匡扶晋国衰败的霸权，并终生为之奋斗不已。其文治武功为晋国的复兴奠定了坚实的基础。郤克执政，为晋楚争霸开启了新的篇章。前587年，郤克逝世，谥号曰"献"，故史称其"郤献子"。

（2）渡辽将军：陈龟

陈龟（东汉时期人，生卒年不详），回族，字叔珍，上党泫氏（今山西高平）人。

《后汉书》载："陈龟家世边将，便习弓马，雄于北州。"由于受家庭熏陶，他从小就很有志气，且武艺高强。汉顺帝永建年间，他被推举为孝廉，从此开始了戎马生涯。后来，他又经过五次转官升迁，成为五原郡太守，镇守于今蒙古河套地区。顺帝永和五年（140），又以中郎将的身份出使匈奴。当时已归附东汉政权的南匈奴左部并不服从汉朝的统治，经常聚众滋事，民不聊生，这才导致南匈奴内部出现了混乱局面。陈龟认为，之所以形成这种混乱局面，主要是由于南匈奴单于的统御能力太差，才引起内部的不满。由于当时战乱不断，局面混乱不堪，因此，陈龟在没有征得东汉政府同意的情况下，就命令匈奴单于自决，从而平定内乱。这一举措虽然暂时缓和了匈奴内部的矛盾，但他越权处事是很不恰当的，因而被东汉政府逮捕下狱。但出狱不久，他又被皇帝任命为京兆伊，成为长安一带的地方长官。当时，长安附近豪强地主势力颇盛，侵凌百姓，地方官往往迁就姑息，不敢触动他们的利益。陈龟到任后，采取严厉措施，打击豪强势力，为受害的小民百姓评理申冤，使得京兆地区"郡内大悦"，百姓由此安居乐业。

汉桓帝即位后不久，西羌便开始侵扰边地，不仅杀害边郡长使，还驱逐侵扰当地的百姓。由于陈龟熟悉边地民情风俗，桓帝便任他为渡辽将军，出守并、凉等州。陈龟仔细分析了当时边地的情况，认为边郡不靖，遂烽烟迭起固然与西羌的滋扰有关，但归根结底，还是因为汉政府的边郡官吏多为背公图私之徒，若不是他们滥用职权，侵扰边地各族人民，也不会引起边郡各族的反抗。他认为，若要想宁边，必先整饬吏治。他对坑害百姓的官吏进行处罚、撤换的基础上建议更换匈奴、乌桓以及护羌中郎将、校尉等人，简练文武官员，提倡严明的法律，使"善吏知奉公之佑，恶者觉营私之祸"。桓帝听取并采纳了他的建议，更换了边地数州刺史，并将担负屯田任务的边郡太守、都尉等官吏多革职或易人，整顿了边疆吏治，为边疆巩固打下了基础。在此基础上，陈龟更进一步加强地方管理和士卒的选练，使边地"州郡重足震慄，鲜卑不敢近塞。省息经用，岁以亿计"。

与此同时，陈龟还非常注意和关心边地人民的生产及生活状况，同情并切实解决他们的困难和疾苦。东汉以来，为了守护边疆，不断从内地征发百姓到边疆屯田戍守，他们和当地居民一起，为保卫边疆付出了极大辛劳，有的甚至终身不得更调，世代成为边民。然而，边郡之地，究竟战争洗荡，一遇灾荒，生活尤其艰难。特别是当时的并、凉等州，"土地塉埆，鞍马为居，涉猎为业，男寡耕稼之利，女乞机杼之饶，守塞候望，悬命锋镝"。一场战争之后，整个国家进入休息状态，百姓们种的庄稼被毁灭，绿茵茵的青草被践踏，家徒四壁，家里的壮丁被抓走，只留下孤儿寡母，人们在这座空城里痛哭流涕，其悲惨景象难以形容。陈龟目睹这种状况，深深感到东汉政府边疆政策的不当，对东汉政府以及边地官吏苛剥边民深恶痛绝，遂上书桓帝，要他"体德行仁"，使"天下归之"。桓帝根据他的建议，免除了并、凉等州一年的租赋，从一定程度上调动了边地各族人民的生产积极性，对于加强边疆的防守也起到了积极作用。

陈龟在担任渡辽将军之职时，十分注意团结边疆各族人民，开发当

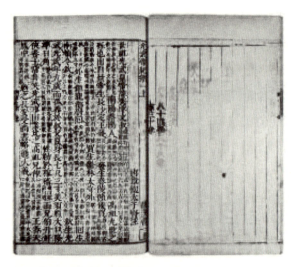

《后汉书》中的陈龟传

地，发展经济，使那里的生产得到恢复，战争也逐步平息下来，从而使他自己在治理边疆中的卓越才能也得以施展。正是由于他能团结边疆及邻近各族人民，因而引起了那些内恃强权、外辱少数民族的官员们的深深忌恨。显赫一时的梁冀就说他是"沮毁国戚"，陈龟深感其志难伸，便请求归田。不久被调任为尚书。由于梁冀专朝，他自知必将遇害，遂绝食七日死去。

他死后，并、凉等州及西域各少数民族追念他的恩德，都为他举哀，并常到他的墓前进行吊祭，以寄托对他的思念之情。

（3）将门父子：郭饶、郭延鲁

郭饶，五代沁州绵上（今沁源绵上）人。自幼习武，弓马娴熟，善骑射刀技，勇猛超群。后唐武皇时曾考取进士，任沁州郡守。后唐李克用就是在沁州立国，其十三义子，个个勇猛异常，人人得享殊荣，武风炽盛，郭饶受此风气影响，当有可能。后唐李存勖继承了父亲善战的特点，自小以勇武著称，"及长，善骑射，胆勇过人"。但其不懂从政，当政后"骄淫乱政，任用孔谦重敛急征，百姓怨愤"。然而郭饶在为官九年之中，体恤家乡百姓之疾苦，广施仁政，减少刑罚与税赋，令百姓安居乐业，民思不忘。后晋高祖石敬瑭灭唐后，郭饶以骁勇事晋，数立军功，升任沁州刺使。后晋皇帝石敬瑭一方面卖国求荣，割让燕云十六州给契丹，另一方面极力搜括民财自肥，并大量向契丹贡献，加上自然灾害，导致百姓普遍一贫如洗，负债累累，民不聊生。郭饶只能凭一己之力保护家乡百姓。后晋天福三年（938），北方少数民族犯境，郭饶随元帅刘丕领军，竭力抗拒，一日之间战数十回合，冲锋陷阵，勇冠三军。元帅刘丕战死敌阵中，郭饶策马急驰，挥刀开路，夺回元帅尸身，犯境者见郭饶勇武，皆不敢近。战至傍晚，终击退敌军，郭饶浑身上下大小伤痕数十处。郭饶率军凯旋而回，安葬元帅后，听闻河南王侯累反叛，郭挂帅讨伐。途中被侯军埋伏，四面矢石雨下，其乘马被射死，郭饶右手挥刀搏战，左手解鞍，突围而出。突围后郭饶并未逃跑，而是整顿军心，复领兵再战，所向披靡，大败叛军，功勋卓著。得胜而归后升任沁州刺史。郭饶在征战中多次负伤，归沁后由于旧伤复发身亡。高祖闻之，举哀祭奠，赠司空，谥忠愍，于绵上建郭公墓。

郭延鲁（889—936），字德兴，五代沁州绵上（今沁源绵上）人，刺史郭饶之子。延鲁少时有勇，练习武艺，擅长用槊。后唐庄宗李存勖即位前便以"旧将之子"，将郭延鲁选为保卫军使，即其贴身侍卫。契丹辽国长期侵犯，郭延鲁跟随庄宗"频戍塞下，捍契丹有功"。作为李存勖的开国元勋之一，郭延鲁先后做过许多要职。庄宗即位后，郭延鲁受赐"协谋定乱功臣，加检校兵部尚书、右神武都指挥都知兵马使"。五代时期是一个"城头变换大王旗"的年代，王朝更迭，战乱频繁，在此后的任职过程中，郭延鲁也常有征战。"天成中（927），汴州朱守殷叛乱，延鲁从车驾东幸，至其地，坎垒先登，讨平朱守殷，以军功授汴州步军都指挥使，加检校尚书左仆射。长兴中（931），累加检校司徒，又任天雄军北京马步军都校、梧州刺史。"郭延鲁不仅能征善战，而且勤政爱民，是一个"上马可治军，下马能安民"的好官。"清泰中（935），迁复州刺史，正奉之外，未曾贪敛。庶事就理，百姓安业。"在任期满后，复州百姓向朝廷上章，恳请郭延鲁留任，郭延鲁因此受到朝廷表彰。但朝廷的表彰文书还未下发，石敬瑭的军队就包围了洛阳，李从珂自焚而死，后唐灭亡。郭延鲁无奈之下，归降了后晋。后石敬瑭对郭延鲁百般笼络，安排他做单州（今山东单县）刺史，加检校太保，赐"输诚奉义忠烈功臣"，他却始终郁郁寡欢到任几个月，就在忧愤中去世了，时年四十有七。

《新五代史》载:

> 郭延鲁，沁州绵上人也。父饶，以骁勇事晋，数立军功，为沁州刺史者九年，为政有惠爱，州人思之。延鲁以善槊为将，累迁神武都知兵马使。朱守殷反，从攻汴州，以先登功为汴州马步军都指挥使，累迁复州刺史。延鲁叹曰："吾先君为沁州者九年，民到于今思之。吾今幸得为刺史，其敢忘吾先君之志！"由是益以廉平自励，民甚赖之。秩满，州人乞留，不许，皆遮道攀号。天福中，拜单州刺史，卒于官。
>
> 当是时，刺史皆以军功拜，言事者多以为言，以谓方天下多事，民力困敝之时，不宜以刺史任武夫，恃功纵下，为害不细。而延鲁父子特以善政著闻焉。
>
> 呜呼！五代之民其何以堪之哉！上输兵赋之急，下困剥敛之苛。自庄宗以来，方镇进献之事稍作，至于晋而不可胜纪矣。其"添都"、"助国"之物，动以千数计。至于来朝、奉使、买宴、赎罪，莫不出于进献。而功臣大将，不幸而死，则其子孙率以家赀求刺史，其物多者得大州善地。盖自天子皆以贿赂为事矣，则为其民者其何以堪之哉！于此之时，循廉之吏如延鲁之徒者，诚难得而可贵也哉！

（4）威震河塑：王彦

王彦（1090—1139），字子才，上党高平（今山西高平）人，北宋末年至南宋初的抗金名将，八字军首领。

史书载，王彦从小"性豪纵，喜读韬略"，父亲认为他有习武天赋，于是把他送到京城拜习弓马。王彦天赋异禀，又肯勤加练习，受到老师们的一致认可。因此徽宗时，王彦便任清河县尉掌管军事，维护清河一带的安全。后因随泾原路经略使种师道两次入讨西夏，战场上英勇顽强，立有许多战功。

北宋靖康元年（1126），金兵攻陷汴京（今河南开封）。次年，掠徽、钦二帝和宫中妇女、官吏以及金银财物而北撤。五月，宋康王赵构即位于南京（今河南商丘南），改元建炎，是为高宗，史称南宋。在此国家危亡之际，王彦不畏艰险，依然离家投奔河北招抚使张所，受任河北招抚司都统制。九月，率张翼、白安民、岳飞等11名将领渡黄河，进攻金军。由于王彦率军英勇作战，很快就恢复了新乡。接着，与金军再次发生战斗，王彦的部队被金军团团围住。他只好率军奋力拼杀，很快冲出金军包围。在突围中，其裨将岳飞因人马失散自成一军，渡河奔归宗泽，王彦则率军先驻扎共城西山，其间多次派人与黄淮流域的抗金义军联络，但均未成功。金兵统帅非常惧怕王彦，悬赏他的人头。王彦无奈，只好一夜换几个地方，从而躲避金军奸细对他的杀害。军中之士卒为王彦抗金决心所感动，在脸部刺有"赤心报国，誓杀金贼"八字。由此，"八字军"的名声越传越远。从此，两河地区忠义民兵首领傅选、孟德、刘泽、焦文通等纷纷汇集在王彦麾下，绵延百里地区数十万人全归王彦管制。"八字军"的声势非常浩大，甚至金军将领都不敢轻易去攻打王彦军营。

建炎三年（1129），知枢密院事张浚出任川陕京湖宣抚使，王彦被任命为前军统制，曾与金军相持于富平（今陕西富平）。绍兴元年（1131）冬天，伪齐大将郭振率千骑进攻白石岭，王彦与宋将关师古合兵击败郭军，生擒郭振，收复了秦州。事后张浚以功被任命为节制商、陕、华诸州军马。伪大将桑仲败还襄阳（今湖北襄阳）后，又纠集人马，攻陷邓州（今河南邓州市）。接着，分兵三路，奔金州而来。王彦拒战于住口关、马郎岭，交战六天后，宋军遂平属地。

绍兴三年，金兀术进攻陕西南部。二月，金兵攻饶风关（陕西石泉县饶风岭）。王彦率军击败刘豫部将周贵，收复金州，以功授保大军承宣使。次年五月，王彦遣部下许清与金军在汉阴（今陕西安康）大战，打败金军。不久王彦又率军在洵阳（今陕西旬阳）击败金军。绍兴五年，王彦知荆州南府，充归州、峡州、荆门、公安军安抚使。他在荆南的荒芜土地上置军屯田，买牛1700头，分给官兵耕种，又营造农田850顷，初步改善了军队供给，减轻了国家负担。六年二月，朝廷任命王彦为行营前护副军都统制、督府参谋军事。十月又任为浙西、淮东沿海制置副使。

自绍兴以来，朝政被投降派所把持，王彦"率兵北伐，恢复中原"的愿望终难以实现。而且就在这一年，他还被罢了官。他的"八字军"，即其所辖的前护副军，也被划给刘锜统率。绍兴九年（1139）正月，宋金议和，南宋向金称臣，并每年向金贡银25万两。这一切都使王彦感到失望，他由此而在忧愤中死去。

《宋史》称王彦"当建炎初，屡破大敌，威声震河塑"。

（5）太行忠义：梁兴

梁兴（？—1148），又名梁青，当地人又称其梁小哥。梁兴出生于泽州县西部长河下游的周村镇。该镇是山西历史名镇，素有"行山重镇"之称。周村古为晋城西大门，南带行山，西襟阳城、沁水，是去往河南、陕西的必经之路。梁兴出身贫寒，父亲梁建和母亲乔氏都是淳朴、善良而勇敢的平民布衣。北宋末年，女真族完颜氏建立金国，迅速覆灭辽国，并且大举进犯中原。战乱期间，中原百姓受尽磨难，梁兴的父母也死于金人屠刀之下。

当时宗泽、岳飞等在太行山一带与金军大战。《宋史》载：

> 飞独引所部鏖战夺其纛而舞，诸军争奋，遂拔新乡。翌日，战候兆川，身被十余创，士皆死战，又败之。夜屯石门山下，或传金兵复至，一军皆惊，飞坚卧不动，金兵卒不来。食尽，走彦壁乞粮，彦不许。飞引兵益北，战于太行山，擒金将拓跋耶乌。居数日，复遇敌，飞单骑持丈八铁枪，刺杀黑风大王，敌众败走。飞自知与彦有隙，复归宗泽，为留守司统制。泽卒，杜充代之，飞居故职。

岳飞将军的英勇忠义之举使梁兴深受鼓舞，他遂与赵云、李进等人组织太原府和绛州（治正平，今山西新绛县）的"忠义人兵"抗击金军。他们曾先后克复河北路的怀州和河东路的泽州、隆德府、平阳府（治临汾，今山西临汾市）等地，还冲过黄河，企图投奔宋军，因遭伪齐军的拦阻，不得不中途折回。

在敌强我弱的情势下，梁兴带领部下转战太行山区，建立"忠义社"，开始四处游击。"忠义社"在梁兴的带领下逐渐发展壮大，达四千多人，在太行山区英勇抗击金军。他们头裹红巾，号称红巾军，活跃于泽州、平阳一带。金朝平阳帅府派总管判官邓带兵三千，前往镇压，金军远远望见梁兴忠义社的战旗，不敢进逼，到了夜里，与抗金义军相距十多里扎营，又多置火炬，彻夜巡逻，不敢安眠。梁兴尚未发动进攻，金军已在三天夜里惊溃了两次，最后，耶律马五亲临战场，率领精骑与梁兴的队伍鏖战。梁兴以哀师抗骄兵，大败敌军，杀死耶律马五和万夫长耿光禄。金人惊慌万分，连忙调遣大军进行围剿。当年冬天，梁兴率百余名骑兵，突过大河，取道襄阳府，抵达鄂州。八、九年间，梁兴等人所率抗金义军，同敌军大小战斗几百次，仅杀死的敌军头目即有三百多人。忠义社成了北方人民抗金武装的一杆大旗，声名远播河北、河东各地。1127年，红巾军向太行东部一带进军，猛攻金军统帅粘罕大营，大败金军。1134年，在一次激战中，梁兴手刃金国大将乌玛喇，给金军以沉重的打击。

绍兴五年（1135）冬，金军疯狂反扑，对泽州、平阳一带抗金义军大

梁兴家乡周村镇老宅

举扫荡。梁兴率领义军突出重围，南渡黄河投奔岳飞麾下。《宋史》载，"六年，太行山忠义社梁兴等百余人，慕飞义率众来归"。岳飞见到闻名已久的"梁小哥"，分外高兴，当即呈报宋廷。宋高宗同意"优转官资，以劝来者"，任命梁兴为湖北、京西宣抚司忠义军统制。此后梁兴一方面留在岳家军中任职，另一方面仍遥控着太行山区忠义社斗争。

太行忠义社义寨遗址

绍兴十年（1140），岳飞北伐，梁兴奉命率先头部队渡黄河，和太行山义军赵云、李进、牛显、张峪等人会合。七月，先破金军于绛州垣曲县，又捷于沁水县，收复济源、翼城等地。梁兴与金军激战之地就发生在历山之麓丹坪砦不远处的南阳村附近，史称南阳之战。

明代弘治年间高平知县杨子器《岳将军砦》诗云：

太行忠义奋如云，人血淋漓染战裙。

一战南阳余孽扫，梁兴本是岳家军。

在"岳家军"取得偃师大捷的同时，梁兴"会太行忠义及两河豪杰等，累战皆捷，中原大震"。（《宋史·岳飞传》）他会合太行山军民展开敌后战争，大破金兀术军，收复了黄河以北大片国土，造成两河地区如火如荼的抗金斗争形势。这是靖康事变以来南宋取得的最大战绩。

《宋史》载：

飞遣梁兴等布德意，招结两河豪杰，山砦韦铨、孙谋等敛兵固堡，以待王师，李通、胡清、李宝、李兴、张恩、孙琪等举众来归。金人动息，山川险要，一时皆得其实。尽磁、相、开德、泽、潞、晋、绛、汾、隰之境，皆期日兴兵，与官军会。其所揭旗以"岳"为号，父老百姓争挽车牵牛，载糗粮以馈义军，顶盆焚香迎候者，充满道路。自燕以南，金号令不行，兀术欲签军以抗飞，河北无一人从者。

金兀术叹曰："自我起北方以来，未有如今日之挫衄。"可惜，大好形势下，皇帝赵构只知守城讲和，全无进取之心，全力拒敌于淮北，不愿进军"直抵黄龙府"，一代名将岳飞被以"莫须有"的谋反罪名被杀害于杭州风波亭，抗金斗争转入低潮。梁兴只得以太行山为根据地坚持斗争，并收复怀、卫二州。绍兴十八年（1148），梁兴卒。

（6）仁义防御使：张奕

张奕（1100—1163），字彦微，泽州高平人，金代人。初任归德府通判。归德府有两万士兵密谋作乱，约定半夜举火为号，相应起事。张奕闻报，为保全郡内百姓安宁，将市民组织起来，发给兵器，分路把守主要街巷，并打开小南门，给谋乱士兵一条生路。天明后，谋乱士卒逃亡几尽，张奕将首恶分子抓捕惩办。都统完颜鲁率兵前来，拟收捕诛杀谋乱兵卒，张奕不同意，并以全家性命作保，才使谋乱士卒免遭屠杀。

金天眷元年（1138），改任同知沂州防御使。天眷三年（1140），任汴京副留守。历任陈、秦二州防御使，同知太原尹。

晋宁军上奏西夏入侵边界，熙宗下诏令张奕前往征讨。张奕率部至边界，按版籍归还各自所侵疆土而归，并上奏皇帝说：折氏世代镇守麟府，抗击西夏。攻占西夏领土后，朝廷又归还西夏，西夏人恨折氏，平折氏祖墓，戮尸泄愤，折氏怨入骨髓，常思报复，现在让折氏守晋宁，所以激怒夏人，经常派小股士兵偷袭边境。折氏奏章言过其实，是想重开战事，以报私仇。如将折氏调离，西夏也就不会再侵扰边界了。朝廷听从他的意见，调折氏守青州。

正隆年间，张奕先后任同知西京留守、河东北路转运使。大定三年（1162）为户部尚书，上任不久，因病去世。

（7）荣禄大夫：王晦

王晦（1153—1214），字子明，泽州高平人，金明昌年间进士。为官清廉，很有才干。官至霍王傅，翰林侍读学士加劝农使。

贞祐初年，蒙古入侵，王晦招募士卒万余人，驻守顺州，攻打牛栏山，以解通州之围。贞祐二年（1214）九月，顺州被围，王晦派人突围救援，因驻沧景军的主帅不肯发兵救援，众寡悬殊，援兵不至，城将破。部将王臻劝王晦投降，王晦痛斥王臻有负国恩，不肯投降，王臻哭着离去，率领部分将士，投降了蒙军。城破，王晦宁死不愿投降，被蒙军杀害，其爱将牛斗同时被害。皇帝得知王晦遇难的消息后，赠他为荣禄大夫、枢密副使，并命令有司立碑，岁时致祭。

（8）忠肃潞国公：郑鼎

郑鼎（1215—1277），元泽州阳城（今属山西）人。窝阔台汗时授泽州、潞州、辽州、沁州四路千户。

太宗六年（1234）从征蜀，因功迁阳城军民长官。宪宗三年（1253），从世祖平大理、略宋地，屡有功。

九年（1259），从世祖围鄂州（今湖北武昌）。中统元年（1260元），因功迁平阳（今山西临汾）、太原两路万户，旋改宣慰使。二年（1261），统征西军戍雁门（山西代县），迁河东南、北两路宣抚使。三年（1262），改平阳、太原两路宣慰使。

至元三年（1266），为平阳路总管，时值大旱，乃导汾水以溉民田，又修学校，移风俗。七年（1270），改金书西蜀四川行尚书省事。十一年（1274），从伐宋。十二年（1275），改淮西宣慰使。十三年（1276），加昭毅大将军。十四年（1277），改湖北道宣慰使，移镇鄂州。夏五月出讨蕲、黄二州反元力量，战于樊口，舟覆而死。后加宣忠保节功臣、平章政事、柱国，追潞国公，谥忠肃。

（9）建文忠臣：张昺

张昺（1358—1399），山西泽州（今山西省晋城市泽州县）人，葬于怀庆府（今河南省焦作市），明代初期累任兵部尚书、礼部尚书、工部右侍郎、刑部侍郎、北平布政使等职，"靖难之变"中奉建文帝命监视、牵制藩王即后来的明成祖朱棣（1360—1424），不幸被捕后威武不屈，于建文元年（1399）六月被明成祖朱棣杀害，《明史》有传。后来明仁宗朱高炽为其平反，后又被数次敕封。

> 张昺，泽州人。洪武中，以人材累官工部右侍郎。谢贵者，不知所自起，历官河南卫指挥佥事。建文初，廷臣议削燕，更置守臣。乃以昺为北平布政使，贵为都指挥使，并受密命。时燕王称疾久不出，二人知其必有变，乃部署在城七卫及屯田军士，列九门防守，将执王。昺库吏李友直预知其谋，密以告王，王遂

得为备。建文元年七月六日，朝廷遣人逮燕府官校。王伪缚官校置廷中，将付使者。给昺、贵入，至端礼门，为伏兵所执，俱不屈死。

燕将张玉、朱能等帅勇士攻九门，克其八，独西直门不下。都指挥彭二跃马呼市中曰："燕王反，从我杀贼者赏！"集兵千余人，将攻燕府。会燕健士从府中出，格杀二，兵遂散，尽夺九门。

初，昺被杀，丧得还。"靖难"后，出昺尸焚之，家人及近戚皆死。

——《明史》一百四十二

（10）爱民如子：侯琏

侯琏（1398—1450），字廷玉，泽州（今山西晋城）人，曾任明朝的兵部尚书。

侯琏少年时期就有远大志向，他苦读兵书，文武双全。永乐二十一年（1423）乡试第一，宣德二年（1427）又高中进士，后来教授他人。在这个时期，西南的川、广、滇交界地区，土族的首领为争夺地盘经常互相仇杀，并且多年不能平息，朝廷命他前去调解。侯琏去后将当地的父老乡亲聚集起来，根据《图考志》划定疆界，公平合理地处理了遗留问题，边民心悦诚服，平息了纠纷。不久，侯琏又出使交趾（今越南）。由于交趾关门狭小，前卫需猫腰驶进，侯琏看到后大声叱责道："此乃狗洞，为何误入天朝特使！"交趾人遂毁关门前来迎接众人。回朝后，侯琏升为兵部主事。

正统元年（1436），侯琏因随兵部尚书柴车出征铁门关有功，便升为兵部郎中。次年十月，云南麓川宣慰使思任发反明，发生叛乱。一直到正统五年（1440）才被镇守云南的黔国公沐昂率军镇压下去。正统六年（1441）正月，当权的宦官王振又命定西伯蒋贵为征蛮将军，由兵部尚书王骥提督军务，调发四川、湖广、贵州三省十五万大军，前往云南征讨思任发的三万军队，侯琎以兵部左侍郎代杨宁镇守云南。其时云南连年遭受兵燹之乱，又遇天灾，人民穷困不堪。他上任之后，立即开仓赈济饥民，并招募富户捐输粮米，帮助大批饥民渡过灾荒，当地灾民莫不感激。

正统十三年（1453），思任发的儿子思机发跑到云南与缅甸交界的孟养作乱，王骥再次南征，侯琎与都督张轼亦分兵进剿。他率军长驱直入，直抵金沙江，在鬼哭山打破思机发的军队，受到朝廷玺书褒奖。

景泰初年，贵州等地连年发生灾荒，当地汉官和土司又横加压迫，各族人民处于水深火热之中，贵州苗民在韦同烈领导下举行起义，义军攻占了新添、平越、清平、兴隆诸卫。明廷命侯琎总督贵州军务，率军前往镇压。侯琎到贵州后，很快打通了去贵阳的要道。又调云南兵打通毕节诸路，并亲率大军攻下紫塘和弥勒等十几个山寨。接着回师平越，解除了清平之围，攻占了兴隆，对起义军进行了残酷镇压。明廷因而对他大加奖赏，擢升他为兵部尚书。

景泰元年（1450），侯琎病死于普定军中，终年53岁。作为为明统治阶级服务的将领，他英勇善战，不怕牺牲，外卫国誉，内息战乱，不愧为朝廷良将。

（11）立身天地间：韩巍

韩巍，字体舜，号历山，明嘉靖年间郭壁人。他年少时性格豪爽，刚毅正直，气度不凡，志向远大。成年以后，身材魁梧，力大无比，尚武崇士，足智多谋。他经常外出河南太康县经商，逐渐成为当地商界精英人物。据韩巍墓志铭和古《太康县志》记载，韩巍经商期间以诚信为本，买卖公平，童叟无欺，乐善好施，扶危济贫。太康县杨家庙是一个大集镇，但一些地痞无赖、不法商人欺行霸市，缺斤短两成习，假冒伪劣成灾，老百姓深受其害，却是敢怒不敢言，正经商贾遇见也是躲着走。韩巍不惧这些不法之徒，经常为维护老百姓和商人的正当利益出头露面，为此还常常与这些恶棍大打出手，后来逐渐成为一个有影响力和号召力的人物。

明嘉靖三十二年（1553）七月，河南柘城人师尚诏不满当朝统制，聚众起义，首次攻入归德（今河南商丘），主要在西华、扶沟、许州一带流动作战。后来败走至皖北，后又转入山东，在莘县被捕去世。起义虽然只持续了近两个月，但先后攻破一府、二州、八县，使三省都受震动，当师尚诏部大举进攻太康县城时，当地的居民为避战乱，纷纷逃离家乡。杨家庙的主事者和商贾、民众找到韩巍，推举他为拒敌领袖。韩巍登上杨家庙最高大的一座楼房，观察地形，召集未逃居民，准备积极应战。师尚诏部到了杨家庙后，受到韩巍带领的乡勇的顽强抗击，经过二十天的激烈战斗，师尚诏部人困马乏，粮饷不济，只好四处抢劫财物和食品，一些未及躲避和坚壁清野的老百姓深受其害，损失惨重。后见杨家庙一时难以攻下，准备直攻太康县城。正在此时，守楼的士兵见师尚诏部有人在喝酒，趁其不备将其射杀。师尚诏部的人马大声呼喊，将高楼团团围住，竖起云梯欲拔下此楼。韩巍率领众乡勇以砖石、铁器等奋力还击，与师尚诏部在杨家庙相持了三天，互攻不下。师尚诏急于攻下此楼，直奔太康，就下令火攻。乡勇们死伤惨重，仍坚持用砖块、木料继续打击敌人。关键时刻，韩巍持刀飞身下楼，杀入敌军中，多名敌人死在韩巍刀下。韩巍连日不眠，饮食无多，精疲力竭，最终由于寡不敌众被捕。得知韩巍组织过人，武艺高强，师尚诏无心杀他，希望留起在起义军中，许给他高官厚禄，但韩巍誓死不从，终被割舌剖腹而死。

后师尚诏部兵临太康城下时已筋疲力尽，锋锐大挫，加上此时的太康县城又有援兵相助，师尚诏部一时难以攻陷，逃窜而去。三天后，杨家庙人霍镇将韩巍遗体收敛，并交给韩巍的妻子与孩子运回郭壁村安葬。

后韩巍妻何氏和士民上奏韩巍抗敌之义举，经河南巡抚请封，赠韩巍奉训大夫，在太康县城北建祠赐额，子孙世袭。韩巍父韩锐诰赠文林郎，母张氏赠孺人，妻何氏封恭人。明万历十六年（1588），隰川府宗理、国王朱俊梗，以状闻，诏令祠祀，授韩巍子韩子明、孙韩沣为奉祀官，并将其女许配与韩子明为妻。从此，韩巍后代便定居于太康县，明清时也曾多次回乡祭祀韩巍，并重新修建了郭壁韩氏家谱。太康韩巍祠楹联云：

舍生取义先人志，崇德报功大君恩。

太康知县富勒赫在重修韩巍祠时，为韩巍作传；赐进士出身的浙江副使、沁水人郭显忠（县志无此人）亦为韩巍作传，载于《沁水县志》；赐进士出身的奉直大夫、户部郎中秦尚明为韩巍墓碑篆额；赐进士出身的亚中大夫、山西布政司左参政兼按察司佥事杜文焕书丹勒石。韩巍传曰：

韩巍立身天地间，持大节、捍大患务在审其时，审其时务在得其所，得其所有视死如归。

韩巍用自己宝贵的生命换取了太康县民众的平安，为社稷、黎民英勇献身，他的义行千古流芳。

（12）"忠烈"报国：张铨（1575—1621）

张铨，字宇衡，号见平，生于明万历三年（1575），卒于天启元年（1621），山西沁水（今山西沁水县窦庄）人，参加抗击后金，并未有明确职务，在辽阳战斗中被俘后遭后金杀害，明廷追赠他为兵部尚书。

张铨于万历三十二年（1604）中进士，由保定推官升任御史，巡视山西茶马，后补江西巡按。万历四十六年（1618），后金首领努尔哈赤兴兵反明，辽东总兵张承荫兵败阵亡。明廷遂任杨镐为兵部左侍郎，经略辽东。杨镐就任后，奉朝廷之谕，拟调福建、浙江、四川、甘肃四路兵马八万多人，集中力量摧毁后金政权。张铨闻讯，立即上书明廷，认为后金所据疆土山川险峻，明廷对其地理风貌知之甚少，如孤军深入，后路必被敌军所抄；况且在空旷之地以骑兵突袭野战是后金军之所长、明军之所短，以短击长，非有效之举。他主张从当时的情况出发，就近招募兵丁，整训后将其屯驻于险要关隘之处，以防卫边境地带；并强调以重金厚抚北关，在敌邦内部扶持对立集团，以此来遏制后金的不断侵扰。同时他认为杨镐并非统军帅才，竭力推荐熊廷弼取而代之。

万历四十七年（1619），后金军大败明军四路兵马与萨尔浒（今辽宁

《京师坊巷志稿》佐证了张铨之"忠烈"

抚顺浑河南岸）。明廷对后金未能先发制人，结果造成以后的被动。天启元年（1621）三月，后金军攻陷沈阳，明总兵贺世贤、尤世功等将领战死。鉴于形势恶化，张铨请求朝廷速令巡抚薛国用率河西军进驻海州（今辽宁海城），蓟辽总督文球统山海关军驻扎广宁（今辽宁北镇市），以成掎角之势，随时增援。但奏疏刚上，后金军即包围了辽阳，把据守辽阳的张铨与经略袁应泰皆困于城中。袁应泰虽然发命张铨退保河西，以图日后复城之便，但张铨被俘后决心以死报国，他整冠净衣，首拜京城皇宫，再拜家乡父老，然后自杀身亡，时年46岁。

张铨尽忠的消息传至京师后，明廷追赠他为大理卿，后又追赠他为兵部尚书，谥号"忠烈"。他虽置身军务，但不忘潜心治学，勤奋笔耕，著述颇丰。有《春秋补传》12卷、《国史纪闻》12卷、《鉴古录》6卷、《南燕录》5卷。另有《张忠烈公奏疏》、《张忠烈存集》、《胜游草》等书。

清代朱一新所撰《京师坊巷志稿》中载：

> 宣武门外上斜街，北有山右三忠祠，明天启四年敕建，祀张铨、高邦佐、何廷魁，乾隆年间重修，有朱筠碑记、祥祠祀。今为山西会馆。

张铨等三杰忠烈之举为后世称颂。

（13）英烈武状元：张大经

张大经（？—1773），凤台县（今山西晋城）人，字建常，生于哪年未有明确记载，卒于乾隆三十八年（1773）。张大经由于身材高大、武艺高强，在晋城一待颇有名气。清代时，武举的选拔受到较大程度的重视，吸引了不少武林高手前去参加，张大经便是其中之一。他在乾隆十六年

（1751），一举成为武状元，后被清政府授为头等侍卫，后来官至总兵。

乾隆三十七年（1722），四川西北部的大小金川地区的少数民族上层不满清政府的统制，率众反清。张大经时任陕西兴汉镇总兵，离西南地区较近，于是奉朝廷命令领兵奔赴四川大小金川前线平叛。清军进攻金川地区的资哩时，张大经率中路军进攻，什旧寨、本尔古罗、卡了等地相继被克。在攻打布朗郭宗的战斗中，他骁勇善战，率兵焚烧叛乱者聚众的地方，击毙了多人，叛乱者见此顺势投降，由此，朝廷授予张大经"功加三等"。

乾隆三十八年（1773），清军攻打葛尔拉，张大经不畏艰险冒雪率军登上山口顶峰，为清军顺利进攻排除了障碍。清军移扎在木果木大营后，张大经又率军攻打斯东寨，逼迫土人武装弃寨而逃。同年六月，金川人马攻破了清军木果木大营，驻守在离木果木较远的达咱夹山梁的张大经得知木果木大营失守的消息后，立即率军前往救援。因在途中与敌遭遇，尽管已经奋力冲杀，仍遭到重创，为不受辱，最终他投海殉职。乾隆皇帝感其忠诚，对其大加赞赏。张大经也是《清史稿》中列有传记的少数武将之一，《清史稿》原文曰：

> 大经，山西凤台人。乾隆时，由武进士历官陕西兴汉镇总兵。三十六年，率西宁、陕西兵各千人从征金川。师围资哩，大经出中路，进攻兜乌。大经以兵千驻阿喀木雅，旋移驻木阑坝鄂克什旧寨，从攻明郭宗，克之。复从攻底木达，俘泽旺。三十八年，温福进驻木果木，大经将五百人分驻簇拉角克。上以其地在功噶尔拉祓口之北，形势险要，谕增兵协防。四月，偕乌什哈达等攻达扎克角山，击败伏菁贼；沿山下攻得斯东寨，贼弃寨遁。木果木大营溃，参赞大臣海兰察橄大经撤兵出，遇贼于乾海子，路险不能骑，徒步力战，死，予骑都尉世职。

2. 凭武御敌　保家卫族

　　"居太行之巅，地形最高与天为党"的沁河流域从东到西外围环绕着邯郸、开封、郑州、洛阳、西安等中国政治文化的中心地区，所以古人说"得上党可望中原"，独特的地理位置使沁河历来都是兵家必争之地，频繁的战争促使沁河人积极习武应对，保家卫国，在历史长河中涌现出无数英雄豪杰。

（1）相府女杰：窦夫人

　　夫人城，位于沁水县嘉峰镇窦庄村，有众多的城堡用来防御流寇的侵入，这座城堡被后人称为"夫人城"。之所以以女性称谓命名，是由于这位大门不出、二门不迈的夫人做了一件不平凡的事情，值得后人尊敬。

　　霍氏，张铨的妻子，张无典的儿媳。天启三年（1623），告老还乡的南京大理寺正卿（最高法院院长）张无典认为"度海内将乱，筑所居窦庄为堡"，于是开始修建窦庄城堡。说来也巧，在窦庄城堡建成的第二年即

农民军进攻沁河流域古堡的模拟场景

明崇祯四年五月，张献忠与王嘉胤率农民起义军从陕西杀入山西，他们每到一处便抢劫富户，窦庄显然难逃此劫。

而此时的窦家，张铨殉国，张无典也已经去世，儿孙们在外为官，家里只剩张铨的妻子霍氏当家。族人请霍氏远走避难，霍氏曰："避贼而出，家不保，出而遇贼，身更不保。等死耳，盍死于家。"于是率领僮仆坚守。夫人将庄中男丁六十七人、壮妇四十三人，共一百一十人组织起来，组成护庄兵丁，日夜习武，看守庄园。起义军攻打了四昼夜，当时情况敌强我弱，霍夫人让当地的老百姓连夜在城里制作了几顶轿子，并命僮仆抬着轿子在城墙上巡逻，起义军见状，无人敢继续攻城，遂无功而返。夫人城也终得保全。

《明史》记载，泽潞各州县除了窦庄小小的城堡外，俱被义军攻下。明兵备道王肇生上书褒扬"窦庄城"为"夫人城"，并亲赐"艳鬼传芳"。第二年九月、十月，起义军再次率三万人攻打夫人城，仍然未遂。沁水、阳城一带也纷纷效仿窦庄，建起了军事与民用相结合的城堡，窦庄夫人城的美誉更是名扬千里。

《明史》原文曰：

> 铨父五典，历官南京大理卿，时侍养家居。诏以铨所赠官加之，及卒，赠太子太保。初，五典度海内将乱，筑所居窦庄为堡，坚甚。崇祯四年，流贼至，五典已殁，独铨妻霍氏在，众请避之。曰："避贼而出，家不保。出而遇贼，身更不保。等死耳，盍死于家。"乃率僮仆坚守。贼环攻四昼夜，不克而去。副使王肇生名其堡曰"夫人城"。乡人避贼者多赖以免。

（2）来者君子：范玉江（1881—1952）

武林高手范玉江（1881—1952），乳名老收，意为年年有好收成，饿不了肚，阳城县洪上村人。从小家穷，没有念几天书。十三岁就跟随父亲到张家口做生意，在一家姓牛的杂货铺里当小伙计。牛掌柜从山东请来了一位叫刘文奇的有名拳师，教其儿子学艺，玉江也跟着学。刘文奇素有"神手"之称，他见玉江生得身材魁伟，脸上有一股英气，又十分下功夫，就格外器重。后来玉江就成为范玉江的得意门生，精于"仙人掌"拳术，又善用铜锤和马刀的冷兵器。

清光绪三十年（1904），时年二十三岁的玉江，替人到山东济南讨账，住在山西老乡晋城商人刘某家里。刘的邻居是山东省响马的总头目，与玉江两次比武都被击败，便纠集了十二个响马，设计制伏玉江。玉江收好账，雇了一个身强力壮的脚夫推车，自己跟着保护。途中每隔一段就有一个响马尾随。

不久，就有十二个响马与范玉江同行。范玉江知道他们都是响马，便用武林行话跟他们攀谈，谈各门派的风格和特点，这十二个人听范玉江说得大有来头，吓得陆续悄悄溜走。

宣统年间（1909—1911），玉江两次赴山东讨账，响马头目总是请范玉江赴宴，"切磋武艺"。玉江是有请必到，毫无惧色。一次席间，彼方座上一个好汉用匕首插鱼，"啪"的一声戳进范玉江的嘴里。范玉江用牙把匕首咬断两寸，吃了鱼肉，调正匕尖，"噗"的一声将其从口中喷出，直插进一丈以外的木柱上。众大惊失色，面面相觑。响马头目急忙笑着给范玉江敬酒，连连叫好。此后玉江山东之行在山东就能畅行无阻。

（3）北朱红拳：张光先

中站区府城街道北朱村传统尚武，积淀了丰厚的红拳历史文化遗产。北朱村红拳由明代洪武年间北平布政使张昺的贴身侍卫张红演练而成，流传了六百多年，孕育了一代又一代的武林高手。

北朱村张氏为张昺后裔，历代红拳高手辈出。据北朱村红拳第二十三代传人张征保介绍，红拳第十一代本村传人张光先的"百步喝法"传说，发生在清代乾隆年间的卫辉市井沟村。

井沟村位于今新乡市辖卫辉市狮豹头乡，地处太行山南麓丘陵地带。到了清乾隆年间，北朱村张氏一脉已在井沟村定居下来，父子二人靠开荒种地维持生计。那年麦收之后，一直没有降雨。俗话说：头伏萝卜末伏芥，中伏正好糠荞麦。中伏下了场透雨，父子俩赶快在多块备播好的地里糠种了荞麦。之后，父子俩不失时机地施肥、除草，荞麦长势喜人，丰收在望。当地人看着眼红，扬言要在某一天哄抢，这可心疼坏了张氏父子。这时，他们忽然想起了远近闻名的老家红拳的高手们，于是便回北朱村来"搬救兵"。北朱村红拳会的人答应在当地人哄抢的那天上午去救援。

到了商定的日子，当地人合起伙来拿着镰刀、挑着担子到张家的荞麦地"收割"，急得张氏父子团团转。正在翘首远眺，但见岭下来了一老一少两个人，张氏父子的心一下子就凉到了脚后跟。哄抢者见状大声笑道："老弱残兵，甭管他，抓紧点儿！"话音刚落，只听晴空霹雳一声大喝，所有的人都被"定"住了，动弹不得。带头哄抢的人不敢贸然往前凑，远远喊话道："张家的高手先生，在下领教了。您把大家都'定'住了！俺这辈子可开了眼界了！俺做得不对，您能否让大家都'活'过来？一切好说！"被抢的张氏父子赶紧道："老人家，可不敢信他们！他们都把我家的荞麦运到他们的打麦场上去了！"

刚才大喝的老者名叫张广先，老人家闻听张氏父子的话又大喝一声，就连百步之外打麦场上的人都震颤了！霎时间，哄抢者纷纷将荞麦送回了张家地里。末了，带头哄抢的人领着大家认错，并保证今后再也不敢了，设宴款待这一老一小和张家父子。从此，张广先的威名响遍井沟村一带。至于张广先带的那位小徒弟，名字已不可考。这件事过后，井沟村人再也没欺负过张家人，平日里还主动上门帮助、关照他家。井沟村人为了学到真功夫，还派人到北朱村拜师习武。

（4）抗日骨干：杨意

杨意（1891—1973），又名杨继忠，韩洪乡韩洪村人。从小家境贫寒，以牧羊为生。渐长，为平遥商行赶牲畜，开始练习武艺，练就一套"仙猿通背"拳，刀、枪、剑、钺等都很精通。20世纪初，为反抗帝国主义侵略，全国兴起"义和团"运动。杨意在本村组建了"拳房"，担任主教练。拳房逐渐名声大震，后被郭道聘请为"团术教练"，参加了山西省政府在太原举办的武术擂台赛。后又被洪洞、赵城、临汾、运城等地聘为武术教练，培养了一大批武林高手。在韩洪、李城创办了蒲剧戏班子巡回各地演出，宣传民族精神和抗日救亡的道理。1936年，在汾西县任武术教练期间，红军东渡，配合地下党组织组建了华北制药所，为伤员提供药品。抗日战争爆发后，率众弟子参军，成为抗日骨干、杀敌英雄。他组织乡亲送公粮、抬担架，支援前线，参加了上党战役和百团大战。新中国成立后，随女儿在天津、北京居住，继续传授武艺，先后被天津市河西区、北京外胸腔专科医院聘为武术教练，一生为国家培养了不少武术人才，年老后重返故土，1973年在韩洪村病逝，享年82岁。

（5）民兵英雄：李银保

李银保，匠礼村人，是阳城民兵战斗英雄。作为匠礼村民兵队长的李银保，经常带领民兵夜间出击，用手榴弹、地雷、排子枪与日军作战68次，屡建战功，人称"夜明珠"，名震太岳。日军中队长岛田下令，谁能活捉"夜明珠"，有重赏。1943年1月，李银保带兵挑着柴火混过敌哨，行至坪头、南园附近，见日伪军扛着大小箱子走来，就从柴中拔出武器，躲入厕所，等日军走近，一跃而出，冲向日军，吓得敌人弃箱而逃。一天深夜，他带民兵深入县城活动，见西城门只有一个哨兵，便在流动哨过后，搭成人梯，爬上二十多米高的西城墙，摸了岗哨，夺了枪支，贴了标语，开了西城门而去。1944年2月3日，日伪警备四中队长郭丰强带领百余人，趁雨夜偷袭匠礼，想活捉"夜明珠"，被击退。2月5日晚，警备四中队百余日伪军，袭击三座庙岭，民兵对此早有准备。日伪军到后，不是碰上地雷，就是挨冷枪。李银保把民兵分为三路，一路正面佯攻，两路侧面进攻。他自己靠一双夜眼，从右侧靠近敌人，一枪打掉了郭丰强下额。2月7日，汉奸杨清玉和杨彭光假装投降，妄想引"夜明珠"上钩。李银保识破敌诡计，敌又遭到痛击。2月8日晚，日军集中四百余兵力，欲一举消灭"夜明珠"及民兵。李银保获悉后报阳南县抗日政府，附近联防民兵上万人前来助战。李银保把日军引进雷区，后与敌激战五昼夜，击毙14人，获胜。

（6）清史留名：沁河群雄

王曰俞，阳城人。明末进士。国初知盂县。莅任方逾月，闯贼伪将某以贼数万至城下，攻七昼夜。曰俞仗剑登陴，督吏民固守。已而，大雨如注，城遂破。贼执曰俞使降，不屈，死之。事闻，赐祭葬，旌其节。

《山西通志》卷一三七·忠烈录下

何印，沁水人。姜瓖之变，沈贼等尽破堡寨，独端氏堡屹峙。贼环攻之，印中三矢，血盈襟袖，犹飞石击贼。贼退，印力竭而死。人谓端氏不被贼祸者，胥其力也。

《山西通志》卷一三七·忠烈录下

郑涛，阳城人。官河东宣慰使同知，镇泽州。轻赋固围，民赖以安。

《山西通志》卷一八四·仕实录四

段上彩，字五云，阳城人。丙戌进士，授沭阳知县。性仁慈，有循吏风，以志行高等获荐。会齐寇，窃发猝，夜至，溃城以入，执上彩座上。上彩低首缓步，已而倏奋起击贼帅，几中。贼大怒，遂剖其腹以死。妻刘氏、子公枢暨二仆，胥不屈被杀，事闻。

段上彩于顺治二年（1645）山西乡试中举，顺治三年登进士，后官至江苏沭阳县知县。当时阳城县参加山西乡试者共十人（张尔素、田六善、杨荣胤、王润身、王兰彰、王克生、卫贞元、段上彩、赵士俊、乔映伍），全部中举；次年十人又参加会试，全登进士，史称"十凤齐鸣"。

杨浦，字德饶，号浩九。明代沁源绵上人。出身农民，一说武秀才，一说县府捕吏。为人公道正直，有胆有识，身材魁梧，行走如飞，力大惊人。

（7）青史留名：抗战群英

沁河两岸百姓性格刚烈，威武不屈。沁源县抗战八年没出过一个汉奸。1951年4月21日《山西日报》有文章称：

> 八年抗战中，日寇杀我沁源人民9153人，被敌俘去生死不明者1573人，被敌残杀而成残废者14250人。

这组数据道出了沁源最英勇的一段历史。抗战期间，仅有八万人口的沁源人，创造了"三个一万"的纪录：牺牲一万，伤残一万，南下参战一万。如果再加上随军南下的一万女人，那就是"四个一万"。1944年，延安《解放日报》发表了《向沁源人民致敬》的社论。八年抗战，沁源全县没出一个汉奸，无一人出面到日军维持会去"维持"。沁河百姓历时两年半之久的"沁源围困战"，让沁源成为蜚声全国的抗日模范县。

3. 绿林强豪　义和精英

官逼民反。沁河流域地处深山而交通不便，但却又紧靠沁河而资源丰富，是天然的避难之所，山中大大小小的山寨数不胜数，有些形成了较强势力，逐渐走到了历史舞台上，如郝散、窦建德、田虎、樊梨花等，史书留名。但更多则是为避兵乱匪患，学古堡之法，自建寨堡，用以保家，逐渐形成了五里一堡、十里一寨。

（1）沁源反晋：郝散

郝散，匈奴族，西晋上党谷远（今沁源）人，西晋元康年间（291—299）上党地区农民起义领袖。西晋惠帝时，外戚专权，围绕国家权力，世家大族、诸王之间展开了激烈的争夺，国家连年混战，发生了"八王之乱"。频繁的战事，使西晋的社会经济遭受严重破坏，平民百姓流离失所，无家可归，边远地区的少数民族亦纷纷内迁，出现了民族大迁徙。郝散的父辈就是在这个时期从北边迁到内地的。民族大迁徙引起内地政局不稳，再加上地方不法官吏对内迁少数民族进行欺压，激起少数民族百姓的不满。郝散长得高大健壮，好打抱不平，被逼而反的百姓公推郝散为首领，于元康四年（294）从谷远（今沁源）出兵反晋。他们攻打了沁州（今沁县）和上党首府潞州（今长治），杀了为非作歹、欺压百姓的"长吏"（地方最高官员），后又向西攻打京都咸阳。结果起义军被晋军打败，郝散被冯翊都部所杀。元康六年（296），郝散之弟郝度元再次组织起义军，联合关中马兰羌和甘肃卢水胡诸少数民族，多次大败前来镇压的西晋官兵。虽然起义最终以失败而告终，但这次起义是上党地区有史记载的第一次，它极大地震撼了西晋王朝的统治。

（2）汾阳晋王：田虎

田虎（1086—1121），北宋威胜州沁源人，著名农民起义军将领。原以打猎为生，武艺超群。因不满北宋王朝贪赃枉法，欺压百姓，遂聚众揭竿而起，从谷远（即沁源）举事，集义军二十余万，破州克县，先后攻陷5州，占56县，几乎囊括半个山西。由于山川险峻，兵精将猛，他们屡败官军，深得民心。后建都汾阳，自称晋王，直接威胁北宋王朝都城洛阳。

宣和三年（1121），宋徽宗诏命宋江等梁山泊招安人马，渡河北上攻打田虎义军。宋军连克陵川、高平、泽州三城，但损失惨重，而后，又东西两路夹攻，东克壶关、昭德、潞城、襄垣、武乡、榆社等州县，西取晋宁、霍县、介休、平遥、汾州、祁县、太谷等地，直抵威胜、谷远。田虎起义军接二连三丧师失地，虽浴血奋战，但终因寡不敌众被擒。其事迹被演绎为小说，《大宋宣和遗事》有其纪事。另外，《水浒传》对宋江剿田虎一事在书中有所描述。

（3）自觉反洋：唐胜

唐胜（1844—1901），又名虞臣，字际卿，高平玉井村人。

清光绪二十六年（1900），受河北一带义和团反洋教行为鼓舞，唐胜等人在乡间秘密发展拳民，组织起了高平义和团。

当年六月中旬，唐胜等人率领义和团千余人，夜间高举火把，手执大刀、长矛、棍棒，放火烧了果则沟天主教堂，杀死教徒四十多人。第二天，唐胜又率众焚烧了龙渠、宰李等村的教堂，杀死了为虎作伥的恶教徒。

八月，八国联军侵入北京，清政府屈服于帝国主义的压力，下令镇压义和团，唐胜被捕，光绪二十七年（1901）正月死在狱中。

（4）"干草会"首：姬小六

姬小六（1871—1912），高平县南头村人，是"干草会"的主要领导人之一。

姬小六出身贫寒，从小下窑挖煤，成年后，学了一身好武艺。由于艰苦生活的磨炼，再加上学武练艺，锤炼出金刚般健壮的体魄。他与水沟村的郑春发等人十分要好，常在一起抨击时弊。

清宣统三年（1911），官府与绅士勾结，将学费加在田赋中向百姓摊派，并由绅士包税。凡无力交捐纳税者，不是被抢夺田产，便是蹲监坐牢，民众怨声载道。姬小六与水沟村农民郑春发、大山村秀才张崇德、城西拔贡吴丕烈、典史席允跃、刑房宋炳文等人一起，用鸡毛信、传单发动民众起来造反，组织"干草会"。清宣统四年（1912）一月十四日，姬小六等人带领数千民众，火烧城门，攻入城内，用棍棒、长矛等武器与巡警展开搏斗，民众拥入县衙，使知县朱士俊不得不出免粮免税告示。之后，"干草会"队伍黑夜用干草火把照明赶路，白天抄富豪绅士的家，半个月时间，先后抄了四十多户豪绅恶霸的家，焚烧了一些学堂。

"干草会"运动震动全省，知县朱士俊自动离职。石宪文接任高平县知事后，奉命对"干草会"进行镇压，姬小六等人出逃。时隔数日，情势缓和，姬小六潜返家乡，县衙得知后，派人捉拿，由于群众掩护，一连几次都未捉住。后来县衙向民众施加压力，扬言不交出姬小六就要"株连九族"。姬小六为了不连累乡亲，挺身而出，自缚投案，被官府杀害时年仅31岁。郑春发等人也同时遇害。

八、武事：战略要地　兵家必争

沁河流域，地处太行之巅，太行、太岳、中条三山环绕，丹、沁二河依势而过。伟岸山河，人杰地灵。沁河流域当属中原大地之腹，地势之宜控扼咽喉要津，历来为兵家所必争。加之物产丰富，冶铁、煤炭古今闻名，经济商贸繁荣胜达，使得这里战役战乱、御盗义伐，数不胜数。

1. 可望中原　英雄逐鹿

　　长平战骨烟尘飘，岁久遗戈金不销…四十万人非少弱，勇怯贤愚一朝弃……

明代诗人刘基以一首著名的戈头诗刻画了昔日长平之战的悲壮景象。

长平之战原址位于沁河流域高平市北的寺庄镇长平村。附近一带地势险要，山川河谷交错纵横，山高地险，绵延近五十公里。沁河河道蜿蜒而过，长平古战，多少将士埋骨这沁河之畔。追随历史脚步，悉观旧时峥嵘，再现英烈事迹。公元前403年三强分晋。秦昭襄王四十七年（前260），秦、赵两国在长平一带爆发了战国规模最大、最为惨烈的战争，史称长平之战。

长平古时隶属上党古郡。上党古郡乃古时晋国咽喉，战略地位极为重

长平之战

要，兵家必争。上党昔时处古韩国之北，为韩国别都。秦昭襄王四十五年（前262），秦国围攻韩国。秦国旨在攻取上党要郡，但上党地势雄险，阻隔重重。公元前264年，秦国破韩国九城，打通围攻上党之路。次年打通上党南关南阳（今河南修武），再年拔取韩之野王关（今河南沁阳），至此完全围困上党孤郡。郡首冯亭不愿子民归秦国受杀掠之苦，故屈辱将国之别都拱手献给赵国。古时大战旧地正处于今日沁河流域，沁河域内这一中国古代史上规模最大、战况最为惨烈的长平之战也由此拉开序幕。

长平战事突起，赵国调兵遣将镇守上党，命廉颇为主帅。公元前262年，廉颇亲率几十万大军赴守上党，凭城防天险，固守上党。

廉颇乃是战国时代赵国足智多谋的一名将领，曾在赵惠文王时多次率军击败齐军，善用奇兵良策制胜，战功卓著，被拜为赵军上将。赵国三军很敬服老将军廉颇，而秦国军队也视勇敢善战的廉颇为最难缠的对手。

廉颇带领大军到达上党，据守天险，秦兵百万不可破。廉颇查探地势，最终在战略要地长平（今高平市）摆开阵势。这里的山川林立，西、北两房高平关（今高平、沁水交界）、长平关（今高平、长子交界）、故关（今长治、高平交界）等军事要塞，其走势依东西向山岭排列，天线屏障顺势而下，可谓"一夫当关，万夫莫开"之天险。天险身后是一片河谷

廉颇上将率赵军入上党

平川，平坦开阔的后方十分有利于部队的调度和辎重粮草的运筹。廉颇发现这里的地势不可多得，遂决定固守上党，磨尽秦军锐气，最终一举打破秦军。于是廉颇坚守上党达三年之久，使秦军陷入了被动进攻、疲于攻伐却又难见战功的困境。

秦军远道而来，在当地难以得到战备供应，粮秣辎重补给困难，秦军将士嗜杀成性，"失道寡助"。上党本受赵军保护，民众对赵军全力支持，赵军补给可谓源源不绝。从战略上来讲，秦军最想的就是速战速决，而赵军雄兵镇守天险，后方补给充足，宜于固守。赵军主帅廉颇深谙"固守疲敌，不战而败"的道理，因而即使秦军多次关前挑战，赵军始终不出战局越来越不利于秦军。但是庸暴无知的赵孝成王，却视廉颇的行为为"怯懦不敢战"，心怀不潢。秦相范雎利用这一时机向秦昭王献"反间计"，在赵国境内广布谣言，说廉颇已经老了，不敢迎敌，赵军已经没了杀敌士气，很快就要被秦军打败了。秦国最怕的不是廉颇，而是赵国的大将赵括。赵括是将门虎子，熟读兵书，有真正的将帅之才。廉颇徒有虚名，惧怕秦军，如果用赵括早就杀得秦军丢盔弃甲，大败而逃了等。

赵王竟听信谗言，最终决定用赵括来代替廉颇。赵朝廷很多大臣冒死上谏，就连赵括的母亲也提醒赵王，廉颇是肱骨重臣，而赵括只会纸上谈兵，但赵王却不听进任何人的建议，坚持以赵括取代廉颇，以攻代守。

这时秦王也换掉了自己的领军大将，名将武安君白起代替王龁为主将。从此，弱赵与强秦三年对峙的僵持局面被打破了，战局迅速向着有利于秦军的方向发展。

公元前260年，赵括取代廉颇上党将军职位，奔赴上党。他年轻气盛，急于取胜报功。制定"以攻代守"的战略。

据说，当年在羊

长平之战1号尸骨坑遗迹

头山下的故关附近，有八位义士曾向赵括进行苦谏，希望他不要改变廉颇的战法，不要轻言进攻而疏于防守，但赵括听不进这些乡间野民的话。八义士眼看大祸降临，生灵涂炭，遂自刎而死。后来，八义士就义的山便叫"八义山"，山下的河就叫"八谏水"，水东岸的村子就叫"八义村"。古时的八义村便是如今长治县"八义镇"的所在地。

公元前260年，秦军空仓岭假粮仓惑赵军，赵括首先向秦军发动了攻击，"秦军佯败而走"诱敌深入，赵括自以为得计，秦军退至防区，即回过头来与赵军展开激战，此时，赵括才发现赵军前锋受挫，后路被包抄，上下失去联系，但为时已晚。秦昭王闻知秦军在长平包围了赵军，亲自来到太行山南边的河内（今河南沁阳）坐镇，并征发十五岁以上的男子入伍，直上太行，奔赴长平，以人海战术实施对赵军的总包围。

在缺衣少粮、战备物资短缺的情况下，赵军将士殊死抵抗秦军无攻伐，苦苦坚持了46天，众多将士英勇战死沙场，后赵括组织将士突围未能成功，中箭身亡。三军无首，幸存的40余万赵军士兵弃械投降。然白起生性多疑，为防生变，下令就地坑杀全部赵军士卒，长平战场，血流成河。此一役，秦军重创赵军，继而占领上党古郡，长平之战也由此画上了血腥的句号。

传说，晋城著名的小吃——烧白起，就源于"长平之战"。长平之战，赵军惨败，秦军俘虏赵军40余万士卒。秦将白起恐赵军营内造反，将赵军士兵全部残忍坑杀，被冠以"杀人魔王"的称呼，当地百姓憎恨白起，为了祭奠惨遭坑杀的亡灵，就用菽饭作供菜，把豆腐当成肉，用炉火烧烤，用豆腐渣和蒜泥生姜调和成"蘸头"，与豆腐一起

长平烧白起

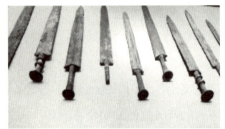

长平之战古兵器

食用，曰"白起肉"。可见其仇之深、其恨之切。后来这白起肉就逐渐流传开来，成为烧豆腐。

大战已过，历史的足迹在如今的沁河之畔留下了深深的烙印，现在留给我们更多的是战争的遗迹和对古时战况的无尽遐想。古城长平自北而始，南达秦军旧时指挥所康营寨的上村，战线绵延五十平方公里。现已发现的战地遗址50余处，尸骨坑18处，兵甲战戈若干。今高平多个地方地名都与长平之战息息相关。例如，高平米山镇的米山、营坊岭，原为赵军屯粮之地；高平西南的空仓山，是秦将白起建空粮仓迷惑赵括之地。还有弃甲院、赵村、白起台、围城等村庄，皆与长平之战有关。时至今日，骷髅庙、安贞寨、尸骨坑、古秦城这些遗迹还残存着历史的温度，向人们进行着无声地诉说。

2. 军事关隘　屯兵备战

中原心腹，地势之宜。自古沁河流域总与军事战乱有着千丝万缕的联系。走过战国长平战，又见南宋抗金史。金军至，群豪起，保家卫国，忠义不屈。北宋亡国，金军进犯中原，梁兴为首的太行忠义军揭竿而起，奋勇抗金。王彦的八字军、安邑神稷山寨义军、潞泽地区红巾军与梁兴太行忠义军等都是著名的抗金义军，众多忠义豪杰在泽州、阳城、沁水等地区坚持了长期的抗金斗争。

北宋徽宗时期，宋、金协定联军灭辽，后来宋攻辽大败，金军乘机纵马入关，伐取燕京，据关虎视中原，渡黄河，破宋都东京（今河南开封），虏徽、钦二帝，灭北宋，史称靖康之变。北宋亡国后，北宋残余宗室南渡临安（今浙江杭州）建立南宋。南宋政权建立后无志收复失地，被动防守。在此国家生死存亡的紧要关

南宋太行忠义军

头，中原人民纷纷奋起自救，其中以太行山人民的抗金斗争最为活跃。他们以大山为依托，沿山筑寨，巧妙出击，对金兵构成极大威胁。南宋初年的抗金，基本上可区分为宗泽、岳飞两个时期。北宋亡国之初，宗泽抗金，他曾招募两河豪杰、太行忠义抗击金军，志在收复河山，以雪国耻。两河豪杰在金军南下之际，依太行险峻扎营筑寨，抗击金军。沁河流域的抗金义军中较为著名的，包括潞泽地区王彦的八字军、韦忠俭的红巾军、梁兴太行忠义社义军等。战乱义伐，沁河流域的土地上留下了众多的抗金典故、历史痕迹。

细分来看，沁河流域的抗金义军可分为两部分。先说八字军。潞泽八字军以上党武将王彦为首领，主要配合宗泽抗金。南宋建炎元年至绍兴三年（金天会五年至十一年，1127—1133），北宋亡国后，王彦带着所属七千官兵，在潞泽一代太行山地区自主抗金。当时太行山上的义军组织很多，最有名的是梁兴领导的太行"忠义社"，义士们"心协力齐，奋不顾死"，屡败金军。王彦的军队进入太行山区后，与太行"忠义社"等各路义军领袖歃血为盟，聚集到这里的人越来越多，且十分忠勇坚决。在王彦的节制下，创建起了有名的抗金人民武装"八字军"。传言，八字军军士面刺"赤心报国，誓杀金贼"八字，以示抗金决心，遂称"八字军"。八字军多次重创金军，收复失地，各地百姓纷纷响应，起兵抗金。后来两河忠义社的首领傅选、孟德、刘泽、焦文通所领导的十九寨，都听从王彦的号令，最兴盛时达十万余人，兵寨连绵数百里，鼓角之声相闻。此后，凡

八字军将领王彦碑刻

散在河东、并、汾、泽州和河北怀、卫、相州一带抗金的人民武装，也都接受王彦的指挥。

至今沁河境内关于八字军的传说还广为流传。据说一次金军召集军事会议，一个被指定担任指挥的金军将领一听说要他和王彦的"八字军"交战，吓得连忙下跪，哭着说："王都统的兵力强如铁石，不能战啊！"金军不敢和王彦领导的八字军正面作战，只好派些散兵堵截王彦运粮的道路。对此王彦早有准备，他派兵在运粮道上设伏，等敌人进入埋伏圈中，围而全歼。类似的战役传说还有很多，八字军和太行忠义社等义军，沿山筑寨，英勇抗击金军，取得了一个个胜利，留下了一个又一个忠义传说。

再说红巾军与太行忠义军。红巾军与太行忠义军主要配合后期岳飞抗金。红巾军以头戴红巾为标志，首领韦忠俭，后受诏朝廷，活跃于潞泽与河东地区。南宋初，金军占领河东、河北部分州郡，残暴掳掠。两河（今山西东南部沁河一带）民众组成忠义民兵，奋起反抗，袭扰金军营寨。建炎元年九月，河东忠义民兵以红巾为标志，号红巾军，起初在晋城、长治一带活动，后来扩大到河北、陕西等地，声势浩大，组织严密。他们的器械虽不如金军，但极善分析敌情，组织伏击有勇有谋，所以能屡败金军，曾于泽、潞猛烈进攻金军左副元帅完颜宗翰大寨，交战中，几乎活捉金军主将完颜宗翰。后完颜宗翰各地营寨屡遭红巾军的袭扰，十分痛恨红巾军，急令麾下大军逐捕。红巾军行军难觅踪影，战时集中，散时隐匿于各地平民居户，故金军每次出击皆无所获，而红巾军却日益壮大，成为南宋初期著名的抗金义军之一。

梁兴太行忠义军，主将梁兴。北宋靖康时（1126—1127）至南宋绍兴初，金军攻破太原府，集结于沁河一带，烧杀掳掠，无所不为，梁兴父母被金军杀害。梁兴激愤难忍，遂与赵云、李进等人在当地组织义军反抗金军，与各地金军战斗厮杀逾百次，杀敌将领头目几百之众，人称"梁小哥"。明代周村生员梁案撰《泽州周村镇重修庙祀记》记有梁兴筑砦抗金之事：

> 暨石勒、慕容永借据……岳武穆义旗北指，镇之梁兴筑岩响应。人心敢於叛金者，乃不忍变于夷也。

今泽州县李寨沁河岸边悬崖峭壁之上，有一地势险要兵寨遗址，乡民也称兵寨是太行忠义社首领梁兴在此占山为王，被岳飞收编，带领太行忠义军在此地区顽强抗击金兵。

据《宋史岳飞传》载：

> 飞遣梁兴等布德意，招结两河豪杰，山砦韦铨、孙谋等敛兵固堡，以待王师，李通、胡清、李宝、李兴、张恩、孙琪等举众来归。金人动息，山川险要，一时皆得其实。尽磁、相、开德、泽、潞、晋、绛、汾、隰之境，皆期日兴兵，与官军会。其所揭旗以"岳"为号，父老百姓争挽车牵牛，载糗粮以馈义军，顶盆焚香迎候者，充满道路。

梁兴等人组织的"太行忠义社"、王彦的八字军与潞泽地区韦忠俭的红巾军纷纷在今沁水一带的泽州、沁水、阳城等地勘山筑寨，抵御外侮，留下了丰富的军防遗址和抗金故事。其中较为著名的抗金营寨有：

丹坪砦　丹坪砦位于历山舜王坪北麓，今名寨上，是梁兴三十七个太行忠义社砦中最重要的岩砦。由于梁兴后来归顺岳飞，成为岳家军，后人常称丹坪砦为岳将军砦。史料记载，丹坪砦原址位于历山之下的"白华村东，四围壁之，绝顶平地"（光绪年《沁水县志》）。历山自位于山西中条山东端，地跨翼城、垣曲、阳城、沁水四县，南临黄河谷地，北倚汾渭地堑。明代窦庄人张道濬在《游丹坪山记》中记曰：

> 丹坪者，盖万山之特也。左右阔峙，水下绕，广十余武。相传
> 宋岳忠武进次朱仙镇，河北所结义寨三十有七之一，今废城尚在。

丹坪山顶上有一大片平坦的土地，便于耕作和屯兵，相传古代有神仙
炼丹于此，故名丹坪。此砦处于"群峰之中，又重关绝谳以键之"，实为
进可攻、退可守的用兵之地。光绪《沁水县志·山川》中有载：

> 丹坪山者，南阳在县南五十里，宋岳飞使其将梁兴会两河
> （宋代河北河东之地，辖沁水）忠义，败金人以沁水，即此地
> 也。宋岳飞遣梁兴渡河，纠合忠义，取河东北州县。（梁）兴会
> 太行忠义及两河豪杰赵云、李晋、董荣、牛显、张裕等，破金人
> 于垣曲，又捷沁水，追至孟州。取怀卫二州，大破兀术军。

主要讲述梁兴等义军先在垣曲重创金军，又在沁水与金兵激战，就发
生在历山之麓丹坪砦不远处的南阳村附近，史称南阳之战。

明代诗人杨子器《岳将军砦》诗云：

> 太行忠义奋如云，人血淋漓染战裙。一战南阳余荤扫，梁兴
> 本是岳家军。

这也是发生在丹坪砦附近的重要战役之一。

岳神山砦　位于晋城与沁水交界的岳神山山顶。岳神山砦居高临下，
地势非常险要，三面悬崖，一面斜坡，只要坚守住位于斜坡的城堡大门，
山寨便固若金汤。古砦分内外城，内城已成一片废墟，外城保存较为完
整，全用当地石料修砌。砦门保存完好，石壁上刻有"云松古"三字。内
城中原有岳飞庙，是岳飞殉国后当地人为祭祀这位英雄而修建的，常年庙

会之日，香火不断。

梁兴兵砦　位于泽州县李寨风景旅游区高会观景亭前、沁河岸边的悬崖峭壁上，依山巅绕行而建，四周深谷巨壑，地势十分险要。砦门北开，只有一条山间小路相通，大有"一夫当关，万夫莫开"之势。据载，南宋太行忠义社首领梁兴，在此占山为王，后被岳飞所部收编，带领太行义军镇守沁河与金军作战，现遗址犹存。

焦赞城与孟良砦　分别位于泽州县晋庙铺镇大口、小口一带。南宋初河北、河东地区人民纷纷组织起抗金义军，焦文通、孟德均为义军首领。两人多次指挥义军打败金军的围剿，智勇超群，名声大作。后人误将"八字军"中焦文通和孟德二人名字讹传为"焦赞"、"孟良"，一直至今，而焦赞城和孟良砦也由此得来。当然，这只是流传下来的传说典故，并无确切的史料记载。王彦率抗金部队入太行山，因面部刺"赤心报国，誓杀金贼"八字而得名"八字军"。其后孟德、焦文通、傅选、刘泽等十九寨义军相继加入，人数发展至十余万，多次击败金军。其中一万多人后由王彦率领南下，受宗泽等人节制，抗击金军，屡建战功。留在太行山坚持战斗的义军后与忠义社合二为一。焦赞城、孟良砦就是那时的产物。两砦地处太行要冲，战略位置十分重要，一直成为兵家必争之地。

沁河流域现存的古寨堡众多，为何会出现"砦"与"寨"不同的称谓呢？在沁河一带，"砦"与"寨"的含义自古就有所区别。明末寨堡以"寨"相称，宋金交战时期的寨堡却以"砦"称谓。那么宋金时期的"砦"字从何而来呢？相传这与岳飞的一个小故事有关。传说有一座山峰上刻着"此石"两字，为唐代人所书。到了宋代，岳飞慕名到这里来叩拜奇石。他面壁而坐，洗目清心，突然谙得"此石"妙用，于是在石林深处的另一峰石壁上，挥剑刻下"此石"二字，仰天高歌："此石为砦，此砦乃营，步步石砦，天降神兵。"岳将军认为，"砦"字的含义一为村落，二为军营，村村为砦，砦砦为营，全民动员，筑砦筑营，必定步步能赢，胜似天降神兵。从此，抗金的寨堡都以"砦"字相称。当时，太行山区的兵寨最多，据史料记载有37处，多数都称为"砦"，并沿用到今。

3. 护村苦战　得胜卫族

明末社会动乱，流寇四起，当时沁河一带繁荣富庶，乡民为求自保，遂建起了一座座坚固的城堡式村落来抵御流寇的入侵。这些古堡大多有着严密的防御系统、坚实的城墙、密集的垛口和高大的看家楼。随着时间的侵蚀，很多古堡建筑早已破败不堪，目前保存较好的有郭壁、窦庄、湘峪、砥洎城、郭峪和皇城相府等。

沁河古城堡群的分布沿沁河南下依次为：窦庄古堡、郭壁古城、湘峪古堡、砥洎城、郭峪古堡、皇城相府。城中内景大家早已耳熟能详，沁河众多古堡因何而建，它又背负多少被时间消磨殆尽的奇闻轶事？回顾历史痕迹，跟随时间的脚步，揭开沁河古堡群的神秘面纱。

（1）夫人城（窦庄堡）——三退流寇

窦庄位于沁河西岸，属沁水县嘉峰镇，是以窦氏、张氏家族为主的血缘聚居村落，同时也是沁河中游传统村落的杰出代表，属于较大型的古堡式村落，现存历史建筑面积约4万平方米，东南西北各约200米，古堡内城

"燕桂传芳"霍夫人院

呈"口"字形，称之为"金丝吊葫芦"。古堡外部环境独特，四周连绵山川是其天然屏障，沁河由北而东三面环绕，形似玉带，整体呈"金龟探水"之势。窦庄原址是沁河的古渡口之一，地理位置险要，后因宋代大将军窦璘的后代迁居至此，筑堡而居，窦庄因此而得名。据流传下来的《窦氏家谱》记载，其祖先窦璘参辅宋仁宗赵祯平息农民、士卒和少数民族起义而受宠，恩德荫及后人，其子窦勋赠封左领卫大将军，其孙窦璘敕封左屯卫大将军。后来为避战乱，窦氏由陕西扶风迁徙到端氏县（现沁水县）。宋哲宗元祐八年（1093），窦氏家族择地兴建窦府，即窦庄古堡（窦庄村）。在

卧牛山下的瓮水滩，窦氏家族划拨西曲里（今曲堤村）给土族张姓（当地贫民），令其为先冢守墓，张姓从此世居此处。

后来守墓人张氏家族逐渐兴盛，并在明清时达到鼎盛，人才辈出，比较知名的有明万历二十年进士、南京大理寺正卿张五典以及其子张铨。窦庄古堡当初共有九座城门，号称九门九关，现在只剩下四座城门，不过城堡里面的明代民居大多保存较好，昔日被誉为"小北京"，明末流寇之乱中，张铨妻子霍氏与女眷、童仆拒敌死守，曾三次击败流寇的进攻，窦庄因此也被称为"夫人堡"。

窦庄城墙

窦庄古堡是一座较大型的防御型建筑群，自建成起便饱受盗贼流寇的侵袭，留下了诸多传说典故及历史痕迹。其中比较著名的有霍夫人守城、张道浚三退流寇。

窦庄人历代崇尚文化，古村中随处可见匾额、碑文和题记。据史料记载，明清两代在朝为官者有一百多人，小至县丞，大到兵部尚书。在古堡内有一条胡同，院门高悬"燕桂传芳"御匾，此院被称为"霍夫人院"。相传此四字匾额为崇祯四年为表彰守城的霍夫人而御赐。

据记载，明崇祯四年（1631），即窦庄城建成的第二年，陕西农民军进入沁河流域，王嘉胤、王自用、罗汝才、张献忠等部入沁水境。当年五月，农民军王嘉胤将窦庄城围困，同年六月开始围攻窦庄城。然而张氏家族的壮年男子多在外为官，家中多为老弱妇人。当时城中百姓大多主张弃城逃跑，兵部尚书张铨的妻子即霍氏夫人，把城中的百姓召集起来率女眷、家仆奋起抵抗，坚守四天四夜，直至流寇退去。至此，"夫人城"威震四方，在当地广为流传。山西兵备道王肇生将霍氏夫人功绩上奏朝廷，消息传到紫禁城后，朝廷御旨封窦庄城为"夫人城"，明崇祯皇帝为霍夫人亲赐牌匾"燕桂传芳"。如今，"燕桂传芳"匾额成为这位女子英勇抗击流寇的历史见证。

（2）张道浚三退流寇

明崇祯四年，霍氏夫人击退王嘉胤等部。明崇祯五年，王自用等部再次侵犯沁水境，在端氏与明军遭遇，并杀死明军守备。当时情况十分危急，山西巡抚宋统殷急信张铨长子张道浚回乡镇守窦庄城，协助剿贼。张道浚回乡卫族，召集壮丁，组织队伍抗击。当年9月28日，王自用等部接连两次攻击窦庄城，张道浚率兵增援，敌人两次败退。10月28日，王自用等部第三次率兵进犯窦庄，窦庄将士据城固守，张道浚率军从流贼后方偷袭，大败敌军。张道浚在沁河流域抗敌期间，深觉窦庄城堡在御敌方面的巨大作用，他倡导沁河流域各地效仿窦庄，构建城堡御敌自保。在此期间，沁河流域共修筑城堡五十余处，对如今沁河古堡文化有着重要的意义与贡献。

（3）郭壁古堡，避灾御寇

郭壁村位于沁水县东南四十公里处的沁河西岸，村落依山而建，背山面河。作为明清时期乡村集镇的代表作，郭壁集居住、商贸、文化、防御、祭祀等建筑于一体，是研究那个动荡历史时期社会政治、经济、文

窦庄城墙防御

郭壁古堡城墙遗址、庙宇

化、军事的一处典型文化遗存。

郭壁古堡，是沁河的一处重要古渡口，也称"郭壁古渡"，历来为商贸重镇。该地自古文风鼎盛，人才辈出。如今的郭壁分为郭北、郭南两个行政村。郭壁东临沁河，西边有山，东西天然屏障，南北设城墙，城墙现已损毁。明清时期的郭壁交通发达，商贾云集，古驿道穿村而过，商号店铺鳞次栉比，绵延数里，号称"五里金郭壁"。郭壁村大部分明代民居保存完好，整个村落的格局基本完整，主要的院落有"三槐里""青细里"等。郭南村还有一处宋元时代的崔府君庙，具有一定的历史价值。

据现存史料记载，在北宋哲宗赵煦年间（1085—1100），郭壁在周围方圆百里就有盛名，至清朝乾隆年间（1735—1795）达到鼎盛时期。作为渡口的郭壁，民房并未建在河川的平坦之处，而是顺势建在沿岸的土坡山丘之上。据村里人说，原来村民们确实居住在河川平地，在明成化、正德和天启年间（1465—1621），沁河曾三次水位暴涨，村子被毁，村民纷纷西迁，依山傍河兴建新房，逐渐形成高台缓坡、逐级攀升的趋势。村落沿沁河大堤筑于山壁之上，南北绵延五里，高低差落，高低起伏，好似一条假山而卧之金龙傍水而居，形成一座依山面河的挂壁山庄。其外为城壁，壁立千尺，御盗防匪；其内为城郭，挂壁山间，村民安居乐业。这就是郭壁得名的由来。

从郭壁古堡昔日的城墙堡楼的布局来看，属于典型的古堡式村落。为加强其防御功能，村内被划分成许多区域。这些区域并非互不相关，而是被内门楼或过街楼巧妙地分成若干相互联系又相对独立的街区。明朝末年，社会动荡不安，流寇四起，郭壁紧挨窦庄，明崇祯四年陕西农民军入沁河流域，在沁河一带肆意抢掠，窦庄因为有高大的城墙能够抵御农民军侵袭，而郭壁缺因缺乏防范而遭到洗劫。后沁水境内多地高建堡墙抵御流寇侵犯，郭壁村民也在村前村后都修建了高大的城墙，高筑寨门。加之郭壁地处环境特殊，形成东有沁河天障，西建堡墙为屏，南北相连互通的城堡式防御建筑。据悉，郭壁村南现在还有一段青砖与夯土混合建造的城墙，并存有名为"崇祯六年"的"御侮"题刻。村子北还有两段不完整的城墙遗迹，现如今虽已是残垣断壁，但仍觉气势逼人。

（4）湘峪古堡，奇破敌侵

湘峪本名原为相谷村，因为它靠山临河，更名为湘峪。湘峪古城依山而建，整体呈椭圆形布局，城内街巷呈两横九纵的"棋盘"式结构，三面环建高大的城墙，城内房屋建设错落有致，气势恢宏。湘峪最显赫的人物莫过于同在朝中为官的孙居相、孙鼎相兄弟，因孙鼎相的府第名曰"三都

湘峪古堡外景

堂"，因此湘峪也被称为三都古城。

湘峪古堡是目前保存最好的一座城堡式村落。明朝末年，沁河流域各地遭匪患侵扰非常严重，当地人为求自卫，就以村落为基本单位，建造种种防御工程，湘峪古堡正是那时候所建。湘峪古堡是明代万历年间都察院右副都御史孙鼎相的故里，城内外的高墙楼台是孙鼎相亲自主持修建的。古堡建造因地制宜，上下层叠，相互连通，既可屯兵，又可储存兵械，大大地提高了防御能力。而层层密密的城窑，也使湘峪古城得了另一雅号——"蜂窝城"。

据史书记载，明天启三年（1623），为避战乱，孙氏三人便开始筹划在家乡修建城堡。整个城堡建筑由孙氏三兄弟精心规划和严密组织，施工时间长达十年。湘峪城为蜂窝式城堡，全为砖石土木结构建造。该城分外、内两城，城墙宽4米，最高处可达25米，周长760米。各防御窑洞上窄下宽，与城墙相连。当年用于防卫城堡的藏兵洞，由于地形险峻，在每个洞内都设有一个拱形窗户，也称为"瞭望口"，直面城外，成为瞭望敌情和用于防御的坚固工事。藏兵洞洞体宽大，集兵营与仓库功能为一体，同时兼顾抗击功能。除此之外，它还设有通道与城墙顶部的"帅府院"相连，以便于战时指挥和武力增援。湘峪古城的藏兵洞，修得极其富有创造力，它是沁河流域民间军事工程的顶峰之作，也是中国冷兵器时代防御工事的杰出典范。现保存完整的有南城门和东城门，还有南面及北面的几段古城墙。虽然年久残破，但镶刻在城门上的"迎晖"、"来奕"、"宸薰"字样仍清晰可辨。在城堡外围原是一条宽21米、外城周长多米的护城河，成为阻击外来入侵之天堑。过去只可渡船进城，别无他路可行。湘峪古堡城势险要，易守难攻，真可谓"一夫当关，万夫莫入"。

传说17世纪前半叶，陕西农民军多次兵临沁河流域，对沁河流域古堡群落中的窦庄、湘峪、郭峪、砥洎城、皇城等多有侵扰。湘峪古堡当时也遭到农民军的侵袭，攻打湘峪的主要原因，据说是孙鼎相曾在湖北打败过闯王部队，农民军进犯沁河一带后，便率大军前来孙鼎相故居进行报复，进攻了七天七夜没有攻破城墙，最后只好鸣金收兵。据说在农民军穷攻猛打期间，湘峪古堡的独特防御功能尽显无疑，最为出名的就是湘峪古堡的"兵洞连城"。湘峪古堡的兵洞多隐匿在南城墙的内部，分为串珠式兵洞和走廊式兵洞，将防御工事、兵营、军需仓库的功能合为一体，洞体坚固，攻防兼备，农民军连续攻打七天七夜，疲惫不堪，而湘峪古堡固若金汤，最终农民军无奈败走。

在当地最有名的一个传说便是老人洗脚水灭农民军火攻的传说：明末年间，陕西农民军攻打湘峪。湘峪居民固守城堡，奋力抵御。农民军完全围困湘峪，猛攻了七天七夜，湘峪的民众依仗城墙之坚勉力抵抗。农民军将领大怒，到了第七天夜里，令将士对湘峪进行火攻。城内居民听说城外军队要用火攻，都惧怕不已，想趁夜逃离。这时，有一老人安然自得地坐在南城墙的一兵洞边洗脚，过来劝老人赶紧离开，老人丝毫不畏惧，不肯离去。没过多久，农民军开始火攻，大火冲天，老人看了城外大火一眼，端着洗脚水走到城墙兵洞的瞭望口，将盆中的水对着大火泼下。顷刻间，电闪雷鸣，突然下起了暴雨，火灭了，农民军最终也未能攻下湘峪，只能退兵败走。城中民众认为那位老人是上天派来的神仙在帮他们，争相传诵，流传至今。

（5）砥洎城——铜墙铁壁，强寇难破

砥洎城位于沁河流域阳城县润城镇境内，为明代城寨式民居建筑群。城寨建造在沁河中流的巨石之上，沁河从东、北、西三面环绕而过，形如半岛，砥柱中流，因沁河古称洎水，故此城堡取名"砥洎城"。城内现存有一

外城墙遗址与屯兵洞

段完整城墙，临河而建，内墙用废弃的炼铁坩锅砌成，独居特色，因此又被称之为"坩埚城"。据《阳城县志》载，"早在春秋战国时期，润城已是韩赵相争的重镇"，数百年来兵燹不断。明代末年，富庶的润城镇曾

内墙"坩埚墙"

多次遭到陕西农民军的袭扰，为了抗击入侵，保卫村寨，润城修建了三座城堡，其中屯城与刘善城皆已消寂于战马嘶鸣声中，如今仅存遗址，唯有砥洎城基本保存下来，伫立于润城镇的西北隅。

　　砥洎城具体创始年代不详，但从明崇祯十一年（1638）《山城一览》碑碣得知，其创始年代应在明末以前。砥洎城在南宋初就是太行忠义民兵的抗金寨堡旧址，明代又进行了大规模的城防改造。城寨平面呈椭圆形，面积约6万平方米。外墙用青砖，内墙用废弃的炼铁坩埚和青砖混砌，城头遍设垛口，并建有炮台、敌楼等。砥洎城南门城墙，高约10米，外部城墙临河筑起，高约20余米，上设城垛、炮台等，是用来防备外来之敌的，现多已毁坏不存。正门有名"砥洎城"，为城内居民出入之通道；城北沿城墙设石梯，沿梯而下可通水门乘舟而行。城内道路规则，城周筑环城路，其余均为住宅巷道，各种设施齐备。旧时一遇兵荒马乱，城门一关，自成一体，坚不可摧。明末陕西农民起义军三进阳城，对砥洎城难犯秋毫，其防御功效可见一斑。

　　砥洎城何时而建、为何而建，在当地一直是未解之谜。虽说石刻《山城一览》有准确纪年，是现存的明代小城镇建筑规划图，是我国古代建筑史上稀有的珍贵资料，但砥洎城到底建于何时，仅凭现有史料无法确认。城内居民对砥洎城的具体修建年代也存在"宋""明"之争。明朝大臣张慎言所撰的《明故承德郎大兴县贲闻杨公及元配赠安人王氏合葬墓志》中有记载：

壬申、癸酉，经流寇之变，杀掠殊惨。里西北偏高阜，三面
濒河，公相度高下，量广得若干亩，计亩敛直费数千金，筑砥洎
城，屹然金汤，此不朽之功也。

说的是明代后期，润城人杨贲时任北京大兴县知县。崇祯四年，惊闻
农民起义军从陕西进入山西，当地流寇乘机作乱，导致乡亲死伤无数的消
息后，杨贲便带银两和修城工匠从北京星夜兼程赶回家乡。众人商议后，
选中一块三面濒河、易于防范的半岛之地修建砥洎城。从上述史料分析，
砥洎城应于明崇祯十一年（1638）动工，当时修筑砥洎城也确实是为了抵
御战乱。

（6）郭峪古堡，四御流寇

"沁水长百里，灵气钟阳城。"郭峪城位于沁河流域阳城县郭峪村，
是沁河之畔、太行山麓的一座城堡式村落。它与号称"皇城相府"的陈氏
"皇城村"仅相隔百米之遥。郭峪堡依山傍水，城墙雄伟壮观，城头雉堞
林立。

郭峪堡建于公元1635年，是在屡遭劫难之后为避乱自保而修建的。当
年农民军不断侵袭骚扰，为在战乱中自保卫家，由乡宦张鹏云倡议，富商
王重新带头，用了不到十个月的时间建成了这座固若金汤的城堡。用于
防御的郭峪城墙为中国罕见的蜂窝式城墙，建于明崇祯十一年（1638），
高20米，宽5米，长1400余米。位于城内中央的"豫楼"，长15米，宽7.5
米，高30米，共七层，建于明崇祯十三年（1640），亦为军事防御建筑。
城墙上设有炮台，城内有地道直通城外。20世纪末，中国著名文物专家罗
哲文先生曾为郭峪亲笔题词：

中国民居之瑰宝，雉堞高城郭峪村。

郭峪村曾遭到陕西农民军的四次骚扰。在全村死伤惨重的情况下，由

郭峪古堡外部城墙

郭峪村的乡宦张家提议，富商王家带头，当地居民合力建起这座雄伟的古城堡。据碑刻记载，郭峪村曾在明崇祯五年（1632）数次被流寇蹂躏，乡人惨遭屠杀，死残八九。明崇祯十一年 （1638），村绅为了防御农民起义军，修建了郭峪城。农历正月十七动工，十月竣工。城高12米，阔5.3米，城周1400余米，城内面积17.9万平方米。城堞450个，东、北、西城门3座，另有东水门1座、敌楼10座、窝铺18个，转角有木亭。为辅助城墙又增建窑洞，一便居住，二便防守。窑凡三层，共628眼，故名蜂窝城。这些窑洞具有战时贮存军械、粮食、药材和藏兵的功能，比普通民居更具防火攻的功能，体现了建城者的聪明才智。城墙上置有城防铁炮数十门。城内民居多为明末建筑，城中心建有七层豫楼一座，十分醒目。

关于陕西农民军攻打郭峪及修城堡的过程，现存豫楼五层西墙的《焕宇变中自记》碑中记载得十分详细。该碑高约 60厘米，宽约203厘米，是当时村中社首王重新所撰。王重

瞭望防御建筑——豫楼

新（1656—1593），字焕宇，号碧山，世居郭谷。他在《焕宇变中自记》碑中记载了农民军第一次侵袭郭峪城堡垒的情形：

> 崇祯四年（1631）四月间，陕西反贼王加（嘉）胤在平阳府作乱。一年之后，崇祯五年（1632）七月十五日，农民军分两路向郭峪村袭来。中午时分，农民军哨马数匹来到村东史山岭塔堆地哨探，乡民奋力赶杀，探兵逃走。当天，农民军夜宿于家山、长河、苇町、湘峪、樊山、郭庄等处。十六日卯时，贼仍由两路合为一处，贼来众多，东坡事败。农民军攻打时，乡民借寨墙作掩护，用自制的神枪火炮奋力还击，但农民军人多势众，又将寨墙轰塌多处，乡民只好退回寨中，农民军乘势将寨围住。大雨淋漓，神枪火炮置之无用，人在房上站立不定，虽有智勇无所施矣。贼乃乘雨，一拥前来，四面围绕。一村人民，欲逃无门。以十分计之，逃出者仅仅一二分。余有逃至山沟野地者，又被搂山贼搜出。

农民军将俘获的乡民集中在一处，逼他们交出钱财，交不出钱财或所交令农民军不满者，均严刑拷打，惨不忍睹：

> 贼于十六日至十七日夜间，将人百法苦拷，刀砍斧劈，损人耳目，断人手足，烧人肌肤，弓弦夹腿。火……即有苟存性命者，多半残躯。经查，杀伤、烧死、缢梁投井，饿死小口，计有千余……金银珠玉、骡马服饰，罄抢一空。猪羊牛只，蚕食殆尽。家家户户无一物所存，无一物不毁。

农民军在村中五天，到四月二十日才离开。这是农民军第一次攻打郭峪。

第二次侵袭时间是同年十月初八日，农民军又"自大阳、马村由长河来吾村"，乡民们见农民军已到岭上，能逃的纷纷逃走，不能逃的急忙往煤窑中躲藏，结果男妇一拥入窑，窑口窄小，踏死九十三口。情况十分凄惨。这是农民军第二次攻打郭峪村。经过两次教训，郭峪人"闻贼知惧，无处躲避"，一些村民"各家攒钱，造地洞数眼，皆由井口出入，见者以为极妙"。

崇祯六年（1633）四月十六日，农民军第三次进攻郭峪。进村后"初不见人之去向，以为奇迹。及搜见一二人，百般拷问，一一引至洞口，贼尚不敢入，先用布裹干草，内加硫黄，人言藏火于内，用绳悬在井中，毒气熏入洞内，人以中毒，不觉昏迷气绝"，以致"北门外井洞计伤八十余口，馆后井洞计伤数十人，崖上井洞计伤数十人，并吾村之藏于炭窑、矿洞者，共伤三百余人，苦绝者数家"。这次，农民军劫走不少钱财。

四月二十日，这次曹文诏领官军七千，自周村发兵至郭峪，分三路斩杀农民军首级千余，以为得胜，退至周村庆功，犒赏三军。不料，农民军又杀了个回马枪，第四次打到郭峪。此次是郭峪遭洗劫中最惨痛的一次，四日中，"杀死熏死尸骸满地。天气炎热，臭气难堪。即有一二未受害者，天降瘟症，不拘男女大小，十伤八九"。自第四次农民军劫掠之后，村民"无地可避，每日惊慌，昼不敢入户造饭，腰悬米食；夜不敢

郭峪西门——永安门

皇城相府鸟瞰图

解衣歇卧，头枕干粮。观山望火，无一刻安然"。有钱有势人家多避居县城及安定之村庄，而"贫寒者为农事所羁，宿山卧岭，闻风惊走"。郭峪村一片凋敝之象。

这时，曾任蓟北巡抚的张鹏云"极力倡议输财，以奠磐石之安"，并"劝谕有财者输财，有力者出力"。劫后余生者积极行动起来，于崇祯八年（1635）正月十七日开工修城，由社首富商王重新组织筹资督工。崇祯十三年（1640）正月十五日，王重新与村首们共同协商，"矢力缮修，克成前志"，并请风水先生"考极相方，爰宅厥中"，在村中高地上建起一座与皇城河山楼相似的七层碉楼。楼即成，取《礼记·中庸》"凡事预则立，不预则废"之意，名之谓"豫楼"。

据以上记载可知，农民军进犯沁水境之始，郭峪因无防范措施，被农民军四次侵袭掠夺，死伤居民十之八九，情况极其惨烈。为抵御外辱，遂合力筑建城堡。郭峪堡不同于沁河流域的其他堡寨，它的建成是经由郭峪民众的鲜血和悲惨境遇换来的，堪称郭峪民众的"生命堡垒"。

（7）皇城相府，乱世佑民

皇城相府位于山西省阳城县北留镇皇城村，地处太行、太岳、中条三山腹地，沁河之东。它枕山临水，依山而筑，城墙雄伟，雉堞林立，官宅民居，鳞次栉比，是一座别具特色的明末清初城堡式建筑群。皇城相府又分为内外两城，具有代表性的标志性建筑包括内城斗筑居、河山楼、屯兵洞等。

内城"斗筑居"为陈廷敬伯父陈昌言在明崇祯六年（1633）为避战乱而建。内城"斗筑居"东西相距71.5米，南北相距161.75米，设五门，墙头遍设垛口，重要部位筑堡楼。城墙内四周设藏兵洞，计五层125间，为

相府城防

战时家丁、垛夫藏身小憩之所。内城北部建一高堡楼，名曰河山楼，长三丈四尺，宽二丈四尺，高有十丈。楼分七层，层间有墙内梯道或木梯相通，底层深入地下，备有水井、石磨等生活设施，一应俱全。并有暗道通往城外，是战乱时族人避敌藏身之处。

河山楼又名"风月楼"，名取"河山为囿"之意，位于内城北部。建于明崇祯五年（1632），当时正值明末战乱风起云涌之时。为抵御流寇侵扰，由陈家昌言、昌期、昌齐三兄弟合力建造，高三十多米，是皇城相府中最高的建筑。楼平面呈长方形，长15米，宽10米，高23米，共七层（含地下一层）。楼外墙整齐划一，内部则逐层递减。整个河山楼只在南向辟一拱门，门设两道，为防火计，外门为石门，门后施以杠栓。楼层间构筑棚板屯储人员物资。河山楼三层以上才设有窗户，进入堡垒的石门高悬于二层之上，通过吊桥与地面相通。河山楼楼顶建有垛口和堞楼，便于瞭望敌情，保卫城堡。河山楼内还储备有大量粮食，以应付可能出现的长期围困。河山楼建于公元1632年，工程尚未完工，流寇不期而至，陈氏家族及附近村民八百余人入楼避难。流寇久攻不下，扬言要日夜封锁并采取火攻，楼内村民将井水从楼顶泼下，以显示自己准备充分，不惧围困，流寇知难而退，撤兵离去。此后十个月时间里，流寇又先后三次进犯，在此期

皇城相府河山楼

间，依靠河山楼的避佑而逃过兵灾的村民多达数千人次。

另外，城内另设屯兵洞，是战乱时期用来驻藏家丁或垛夫的窑洞，共计五层125间。洞与洞或通或不通，或三五间相连，层间有暗道相通，可直达城头。最高一层筑于城墙之内，并设炮眼对着城外，既可发射火器，又可观察敌情。

皇城相府是当地人民的生命堡垒。明朝末年，豫陕流寇横行，王嘉胤、王自用部屠戮山西，晋南为之震恐。明崇祯四年五月，王嘉胤率军由沁水进入阳城，次月在与乡兵的作战中被叛将杀害。王嘉胤遇害后，绰号"紫金梁"的王自用率军再起，几乎席卷山西全境，并在此后两年中多次侵扰郭峪、润城、屯城一

相府藏兵洞

带。屯城人张慎言曾任吏部尚书，是明代著名学者、书法家，他曾详细地记叙了流寇对百姓生命、财产带来的重大危害。

皇城古堡为求自保于乱世而建，虽然明末的动荡很快宣告结束，但其军事防御功能在此后的岁月中又多次发挥作用。顺治六年，大同总兵姜（瓖）发动兵变，烽烟燃遍三晋，姜（瓖）部将张光斗上门召请陈昌期，经历了明末十余年战乱的陈昌期不愿卷入政治旋涡引火烧身，严词拒绝。张光斗率兵围攻斗筑居，陈昌期坚守数月，直到清军解围，陈氏家族和周边村民因为没有参与这次兵变而逃过了一场政治灾难。民国初年，政局混乱，河南土匪多次越境进犯阳城，动辄即以数千人马一路烧杀抢掠而来，皇城村坚固的城墙使得土匪不敢有所企图，再一次护佑百姓于乱世。

4. 抗日卫国　御寇保家

沁河流域历史悠久，古今经历的战乱无数。从长平之战的惨烈到太行抗战的英勇，沁河人民英勇不屈，保家卫国，英豪辈出，垂名千古。抗日战争时期沁河一带曾为太岳行署和太岳军区所在地，沁河人民为抗日事业抛头颅、洒热血，既为家也为国，可歌可泣。

抗日战争时期，毛泽东高度重视太行、沁河一带的战略地位，在这里建立了巩固的敌后抗日根据地，老一辈无产阶级革命家朱德、邓小平、彭德怀、薄一波、刘伯承、陈赓、杨尚昆、李先念等都在这里战斗和工作过。在抗战时期，沁河人民家家支援抗战，户户有男儿参军，一度成为晋冀鲁豫边区、晋豫边区、山西晋东南战区的核心根据地。1938年，桂涛声、冼星海创作的抗战名曲《在太行山上》就诞生在晋城陵川县，"母亲送儿打东洋，妻子送郎上战场"生动地展现了这一抗战局面。据统计，抗战八年，沁河流域仅晋城一带参军人数就多达十几万人，支援粮食1.68万石，牺牲烈士1.1万人，抗日之坚决、牺牲之壮烈，在全省、全国名列前茅。现代主要革命遗址和纪念地有太岳军区司令部旧址、武士敏将军殉难地、町店战斗遗址、太岳行署旧址、太岳烈士陵园等，都是非常难得的革命传统教育基地。

沁河流域地处晋东南南部，正处于毛泽东亲自选定的"眼"位上。这里太行、太岳、中条、王屋群山环抱，天井关、王莽岭、丹朱岭、坞岭等关隘林立，历来就是兵家必争之地。早在1926年4月，这里就成立了中共获泽中学党支部，是全国建党较早的地区之一。大革命和土地革命战争时期，沁河一带曾一度成为整个晋东南革命运动的中心。抗日战争爆发前后，晋城、高平、阳城、陵川、沁水各县都成立了特殊形式的统一战线组织——牺牲救国同盟会。在晋城还设立牺盟中心区，是全省设立的四个牺盟中心区之一，负责领导晋东南各地的抗日宣传、战争组织等项工作。在牺盟会的大力推动下，晋城人民掀起了伟大的抗日救亡运动新高潮。到1937年底，各县都建立了一支或数支人民抗日自卫队、牺盟游击队，普遍成立了工人救国会、农民救国会、青年救国会、妇女救国会、儿童团等群众性的抗日救亡团体。阳城县宗教界人士组织成立了佛教、道教联合救国会，举行超度抗战阵亡烈士和死难同胞仪式，祈祷抗战胜利。阳城县抗战军人家属田永祥、白乾元还发起成立了阳城县抗战军人家属救国会，号召全体抗属行动起来，用实际行动鼓励抗日前线的亲人杀敌立功。据《新华时报》报道，当时阳城县19万人口中，就有3万人参加农民救国会，2万人参加工人救国会，7000人参加青年救国会，3000人参加妇女救国会，组织起来的民众占全县总人口的三成以上。在抗日救亡的旗帜下，各阶层人民不分党派信仰，不管贫富贵贱，不论男女老幼，有钱出钱，有力出力，形成了无比坚强的抗日民族统一战线。

说到沁河抗日英豪，最著名的莫过于武士敏将军。在沁河境内与日军交战英勇献身的中国军队将领中，级别最高的正是国民党第九十八军军长武士敏将军。武士敏是河北怀安人，早年参加同盟会，并受到孙中山先生的赞赏。抗战爆发后主动请缨，率部来到山西抗日前线。1941年中条战役后，他毅然选择留在条件艰苦的岳南根据地坚持抗战。同年9月29日，日军纠集约一万兵力，分十四路"铁壁合围"沁水东西峪地区，武士敏与八路军太岳南进支队并肩作战，亲自到马头山前线指挥。战斗异常惨烈，阵地几次易手。在率部突围时，武士敏不幸额部中弹，壮烈殉国。武士敏将军及其率领的第九十八军官兵，被誉为"真正的统一战线"和"国共合作的模范"，受到了各方面的尊敬。

沁河一带山川雄奇，战略地位极为重要。境内防御式古堡成群，关隘天险林立，抗战期间，为抵御日军的侵袭发挥了至关重要的作用。各地的古堡关隘都曾为抗战事业做出贡献，留下了不少英雄事迹。

抗日时期，发生在沁河流域的最出名的战斗当属町店战斗。町店战斗是抗战爆发后在晋城境内由八路军独立发动的规模最大、歼敌最多的一次战斗。1938年7月初，驻河南的日军第二十五师团由陇海路北上，企图经晋城、阳城、沁水，向西支援遭到卫立煌将军重击的晋南日军。八路军总部获得消息后，决定以三四四旅、三八六旅七七二团和晋豫边游击支队在阳城町店伏击日军。7月2日，各参战部队到达指定位置，察看地形，构筑工事。7月3日，敌人先头部队一个机械化联队约500余人，乘坐50辆汽车进入八路军伏击圈。趁敌人休息的机会，伏击部队突然发起攻击，顿时枪

沁河抗日名将——武士敏将军　　　　　　　　武士敏将军之墓

沁水县窦庄卢家院——八路军朱德总司令行宿处

声大作，火光冲天，敌人被炸得晕头转向，其中一股敌人凭借优势武器，夺路而逃，企图退回晋城，结果被阻击部队歼灭。7月4日，日军骑兵部队赶来增援，结果也被埋伏在芦苇河北侧高地的八路军战士围而歼之。由晋城方向增援的日军后续部队遭到八路军的顽强阻击，始终未能向町店前进一步。在给敌人以重创之后，八路军迅速撤退至沁水境内。这是发生在沁河流域极为重要的一次战斗，沁河军民英勇抗日，重创日军，打击了日军自诩无敌之师的嚣张气焰。

窦庄古堡著名的卢家院在抗日期间曾是八路军总司令朱德的住所。据说，抗日年间，朱总司令途经窦庄，并在窦庄的卢家院居住了一段时间。另外，1940年初，国民革命军第九十三军为抗击日军，在打牛头山战役时军指挥所曾得到窦庄村民的大力支持。窦庄古堡因曾多次支持八路军和国民革命军的抗日工作，数次被日军炮火侵袭，留下了多处弹孔墙、街道炮坑等抗战遗迹。

沁水在战争年代到新中国成立后直至20世纪60年代，沁水县委为了加强党的理论和组织建设，每年冬季都在窦庄村开设党校，培养了许多优秀党员和骨干力量，为沁水党的壮大和发展起了重大作用。为了全中国的解放，有关单位曾经利用窦庄独特的环境和残砖厚墙的优势，开办了火硝厂，设置火硝作坊四五处，生产了大量的火硝，火硝渣在当时堆得如同一座小山。另外，窦庄还置办过手榴弹加工厂。这些都及时有力地支援了前线的解放事业，为中国人民的彻底解放、为后来的国防军工事业做出了一定的贡献。

沁河流域的关隘天险能为当地军民提供有利地形，歼灭来犯之敌，这对抗日期间沁河流域的抗日事业起着至关重要的作用。沁河抗日武装利用这些有利地形，重创日军，取得了一个又一个的胜利。

窦庄弹孔墙

　　丹朱岭阻击战就是发生在沁河流域的一次经典的抗日战役。1938年4月26日，进犯长治以北的日军一〇八师团一千余人，由于遭到驻长治的八路军和地方抗日武装的沉重打击，企图向南进犯高平。驻扎高平的八路军一一五师三四四旅侦察员获知日本侵略者的这一动向后，立即向旅部进行了报告。八路军一一五师三四四旅政委黄克诚当机立断，果断作出部署，于当天上午紧急集合部队，率领该旅所属的六八七团和六八八团急行军，最后赶到高平境内的丹朱岭下，在日军必经之道的公路两侧设下伏兵，并抢占了附近的11306高地，准备在此痛击日军。

　　当天下午，一千多名日军沿着长治通往高平的公路行进到丹朱岭段时，八路军一一五师三三四旅六八七团和六八八团的指挥员一声令下，埋伏在此的八路军战士立即向敌人发起猛烈进攻，将日军截为数段。中段日军受阻后，不得已进行顽强的抵抗。敌人边打边退，最后只好龟缩到附近的张店村待援。首尾两头的日军，只好各自抢占路边的高地，负隅顽抗。

　　战斗进行得十分激烈，从下午一直战斗到夜间。当八路军六八八团二、三营的战士对退缩到张店的敌人进行强攻时，战局突然发生变化，此前退守在附近高地的日军，经过苟延残喘，趁着夜色突然集中兵力从背后进行反扑，使八路军进攻部队腹背受敌。八路军进攻部队奋战一天一夜，击退日军多次反扑，歼敌数百人。随后八路军一一五师三三四旅29日奉命撤离，出色完成了阻击任务，重创了疯狂进犯的日军一〇八师团，打击了敌人的嚣张气焰，极大地鼓舞了沁河军民反抗日本帝国主义侵略的决心和勇气。

　　沁河流域作为中原心腹战略要地，饱受战火的洗礼，在历史长河中留下了诸多可歌可泣的壮烈故事。沁河人民坚强不屈，义胆忠肝，由古至今，他们用自己的血肉之躯捍卫了自己的家园。英雄轶事循迹可闻，英烈忠义千古不朽。那些遗留在沁河流域的历史记忆，值得我们回忆与铭记。

后 记

　　沁河长卷，犹如一幅中国传统乡土文化的画卷，千年历史、风土人情、沧桑辉煌都在卷中一一呈现，让踏入这幅画卷的我们瞠目结舌，流连忘返。缱绻悠长的魅力促使我们先后五次奔赴沁河流域各地游学、采风、考察、走访、取材，虽然舟车辗转，一路风尘，颇为辛苦，但山水之秀美、尚武之气韵、建筑之精妙、文化之厚重、精英之璀璨，让我们叹服而感慨，激动而神往。

　　时光荏苒，绵延近一个春秋后，有话想谈、有感想发、有情想抒的我们终于由起意构思实现了落笔成文，《沁河流域武备探寻》遂与大家见面。这是我们眼中的沁河风月，这是我们心中的沁河魅力，这也是我们留给您的"抱拳礼"。

　　回味一载，研究团队付出了艰辛的努力，在李金龙教授、刘映海副教授、杜杰博士的指导下，每个成员的研究都有所侧重，大家既各司其职，又互相学习。在浩渺如烟的文献中寻找着历史的足迹，在秀丽的风光中欣赏着沁河的壮美，在精致的建筑中体会着古人的智慧。负责第一章撰写的段佩佩走访于民间乡野，用镜头将沁河的千姿百态尽收眼底；负责第二章撰写的冯雅男身心涤荡在这醇烈武风之下，挥笔泼洒下这惊天动地的尚武气概！负责第三章撰写的王育林抚过一道道城墙，一座座堡垒筑起的武防，仿若耳畔回响的是金戈铁马，铮铮有声；负责第四章撰写的李昊禧礼拜于关帝脚下，娓娓道来华夏儿女的追求与信仰；负责第五章撰写的姚佩佩探寻着古人养生的玄机，证实了"天人合一"乃是大道至简，道不远人！负责第六章、第七章撰写的刘易斯，云集各路精兵强将的传奇史歌，铺陈出一幅"江山代有才人出，各领风骚数百年"的辉煌篇章！负责第八章撰写的卢彭彭则用风趣、诙谐的介绍，奉上这民俗的盛宴与大家共享！最后，负责审校的团队成员们以踏实的学风和扎实的学养，完成了本书最后的润色和收尾。

文稿得以完成离不开我们的共同努力，更少不了机遇垂青与贵人相助——山西大学"三晋文化传承与保护协同创新中心"的成立是本研究得以进行的前提，而"沁河风韵"的启动则是本研究得以开展的机遇。感谢行龙教授、胡英泽教授、张俊峰教授等"沁河风韵"团队的全体成员，研究的方向是在你们的指导下完成的；感谢王扎根老师、王家胜老师等乡土学者，研究的"地气"是在你们的帮助下实现的；感谢晋城的闫向丽女士、沁水的原波先生、晋城等当地传统文化爱好者，研究的旅程是在你们的协助下展开的。

完稿合卷，付梓之际，我们再次感谢所有给予过我们助力、指导、意见的良师益友。限于水平，笔力不逮，瑕疵难免，恳邀读者一道，与我们畅叙沁河！

沁河流域武备探寻团队

2015年11月1日